J・C・オカザワの丸ビルを食べる

晶文社出版

まえがき

　2002年9月6日、丸ビルが生まれ変わった。何はともあれ凄まじい集客力である。日経流通新聞（日経MJ）によれば、開業以来の3ヶ月で年間見込みの5割近い710万人が訪れたという。クリスマス・イヴから正月5日までの13日間には120万人の人出があったそうだ。このペースで行くと、開業1周年を迎える頃には2000万人の大台を軽くクリアするだろう。同紙が'02年末に発表した「2002年ヒット商品番付」ではその丸ビルが堂々東の横綱に君臨している。カメラ付き携帯電話、サッカーのW杯、ハリー・ポッターなどの強豪を抑えての快挙である。あの藤原紀香やベッカムさまを負かしちゃったのである。さすがと言うほかはない。まずは恐れ入りました。

　開業当初は様子見気味だった丸ビル内及び近隣に勤めるOL・サラリーマンも春の訪れとともに活性化してきた。OLはすでに主流派だ。そのほかの来館者で目を引くのはミドル・エイジ以上のカップルと元気なオバ様のグループだ。特に後者は徒党を組んで威勢がいいことこの上ない。江戸時代前期の旗本奴、はたまた幕末の新撰組といった風情でビルの中をのし歩く。そうは言っても誰の迷惑になるじゃなし、商業施設から活気が消えたらもうおしまいで、オバ様たちにはこれからもドンドン訪れていただきたい。ヤングカップルも少なくないが、やはり中高年が優勢なのはおそらくそのほとんどの方々が、過去のある時代において旧丸ビルと何らかの関わりを持ち、他生の縁で結ばれているからに違いない。甘酸っぱくもほろ苦い、そんな思い出を探し求めて人々はやって来る。大正12年に生まれて平成11年にこの世を去った初代丸ビル、享年76。新生丸ビルの人気ぶりを目の当たりにして、人々が旧丸ビルに抱いた愛着の深さを思う。どこか重苦しさ

の残るその姿は決してスマートなものではなかった。人は見掛けによらぬものだが、ビルもまた見掛けによらぬらしい。

　開業時の、真夏の湘南海岸のようなゴッタ返しがやっと収まってきた'02年10月末、初めて夕食に訪れた。以来、2日とあけずに通い詰めて50軒の飲食店すべてを制覇してはみたものの、複雑な思いにとらわれた。というのも、店によって料理やサービスのクオリティ、価格に見合う満足度、客、ひいては社会に対する誠実性（そこまで期待するなってか？）、そんなこんなの格差があまりにも大きいのだ。これではまるで当たるも八卦、当たらぬも八卦、出たとこ勝負のガラガラポンなのである。もうどうにもこうにも……それこそ池波正太郎が生きていれば、「たまったものではない」の連発間違いなしなのである。かたや東京の表玄関にふさわしいキッチリとした仕事をしている優良店があるかと思えば、その一方では思い出すだに腹の立つ、レストランの風上にも置けぬところもある始末。まさに玉石混淆、同じ檻の中でトラとネコとが仲良く同居して、同じ水槽の中をタイとイワシが一緒に泳ぎ回っているのである。今のところはウツワのすばらしさにオンブにダッコ、中身の善し悪しに関わらずみなさん商売繁盛、ネコもイワシも能天気にこの世の春を謳歌なさっているという構図だ。

　「そうじゃないでショ？　剣客商売、もとい、食べもの商売ってそんなモンじゃあないでショ？　儲けるためにゃ何してもいいワキャないっショ！」

　本書のねらいはただひとつ、トラにはトラの、ネコにはネコのネームタッグをその首にブラ下げる、そのコトのみである。

　小学校に上がる前から、東京といえば銀座や丸の内が大好きなませたガキだった。街にはフランク永井の「有楽町で逢いましょう」やコロムビア・ローズの「東京のバスガール」

が流れていて、こういった流行歌ヌキにそのころの思い出は語れない。今でもときおり偶然に、どこかのバーや酒場で「有楽町で逢いましょう」が掛かったりすると、もうイントロが始まった途端に胸の奥で何かがハジケてしまう。本当に東京の街が好きだった。子ども心にも「大きくなったら丸の内のOL（当時はBG＝ビジネスガールと呼んだ）のお姉さんをお嫁さんにするんだ」と固く決め込んでいたくらいなのだ。それも石原裕次郎や赤木圭一郎の日活映画で見た芦川いづみ、笹森礼子、吉永小百合をイメージしていたのだからガキのくせにかなりの面食いではありましたな。いずれにしろ銀座はともかく、丸の内が好きな子どもなんてのはフツーではなく、案の定、ロクな大人になれませんでした。

　わが心の丸の内。その丸の内の顔とも言える丸ビルが商業主義一色に染まっていくのを指をくわえて眺めているワケには参らない。長いリハビリに耐えているフランクに言い訳ができないし、裕次郎だって草葉の陰で嘆くだろう。たとえばアジア系エスニックが4軒も入居したのに1軒だけあった鰻屋が消えてしまった。ホントになんて仕打ちをするんだろうね、このビルは！　手間ヒマ掛けても儲けが少ないウナギなんぞに儲け第一主義の大手外食チェーンが手を出すことなどないのだろう。このあたりはビルオーナーの三菱地所さんに、もうちょいと吟味していただきたかった。

　大量破壊兵器が発見されないままに完全破壊された国家もあれば、核保有を宣言しながらもなお居直る国もある。殺伐とした世相に影響されたワケではないが、各レストランについてのコメントはいささか辛辣に過ぎたかもしれない。それもひとえにこのビルを愛すればこそである。

2003年5月
J.C.オカザワ

目 次

まえがき —————————————————— 3
採点のしかたと採点表の見かた —————————— 9
注解 本書に使用されている料理用語 ——————— 10
丸ビル・各フロア〈お店位置図〉 ————————— 12

レストラン・モナリザ 18
福臨門 魚翅海鮮酒家（フックリンムーン・レストラン） 20
BREEZE OF TOKYO（ブリーズ・オブ・トウキョウ） 22
アンティカ オステリア デル ポンテ 24
暗闇坂 宮下（くらやみざか みやした） 26
招福楼（しょうふくろう） 28
モリタ屋 30
Sens & Saveurs（サンス・エ・サヴール） 32
マンゴツリー東京 34
AUXAMIS TOKYO（オザミトーキョー） 36
RISTORANTE HiRo CENTRO（リストランテ・ヒロ チェントロ） 38
天政（てんまさ） 40
いなば十四郎（いなば とうしろう） 42
銀座寿司幸本店（ぎんざすしこう ほんてん） 44
炭火焼肉トラジ（すみびやきにく トラジ） 46
しばてん Ranbiki（しばてん らんびき） 48
天まる（てんまる） 50
かつ玄（かつげん） 52
青ゆず 寅（あおゆず とら） 54

鎌倉一茶庵 丸山（かまくらいっさあん まるやま）　56
魚新 UOSHIN（うおしん）　58
東京今井屋 本店（とうきょういまいや ほんてん）　60
博多麺房 赤のれん（はかためんぼう あかのれん）　62
一夜一夜（いちやいちや）　64
旬菜美酒 ななは（しゅんさいびしゅ ななは）　66
沼津 魚がし鮨（ぬまづ うおがしずし）　68
京豆冨 不二乃（きょうとうふ ふじの）　70
筑紫樓 魚翅海鮮酒家（つくしろう ぎょしかいせんしゅか）　72
グリル満天星麻布十番（グリル まんてんぼし あざぶじゅうばん）　74
パパイヤリーフ　76
KUA `AINA（クア・アイナ）　78
CITA・CITA（チタチタ）　80
ISOLA SMERALDA（イゾラスメラルダ）　82
精養軒茶房（せいようけんさぼう）　84
WeST PArK CaFE Marunouchi（ウェストパークカフェマルノウチ）　86
西洋御膳フレミナール小岩井（せいようごぜんフレミナールこいわい）　88
Casablanca Silk（カサブランカシルク）　90
醍醐味（だいごみ）　92
LABYRINTHE（ラビラント）　94
Essenza（エッセンツァ）　96
Cafeteria L'OASIS（カフェテリア・ロアジス）　98
EXCELSIOR CAFFÉ（エクセルシオールカフェ）　100
丸の内カフェ ease（まるのうちカフェ イーズ）　102

胡同家常菜（ふーとんかじょうさい） *104*
サラダバッグ・ベジテリア *106*
Very Veggie Flavors（ベリーベジーフレーバーズ） *108*
スターバックス コーヒー *110*
らぁめん 永楽（らぁめん えいらく） *112*
Soup Stock TOKYO（スープ ストック トーキョー） *114*
丸ビル 千疋屋（まるビル せんびきや） *116*

丸ビル営業時間／丸ビル取り扱いクレジットカード―――*118*

＊本書は、著者が2002年9月から翌年4月にかけて訪れた結果をもとに執筆したものです。また、値段やメニューなどのデータは2003年4月現在のものです。変動のある場合もありますので、ご注意ください。

＊店名上に記された「タイ料理」「フランス料理」などの料理ジャンル名は、『丸ビル フロアガイド2003 5』(丸ビル発行)によるものです。また、各右ページの料理ジャンル名(タテ組)は、より具体的な料理ジャンル名にした場合もあります。　　　（編集部）

採点のしかたと採点表の見かた

店の評価は50点満点。各分野の得点配分と採点にあたっての着目ポイントは下記の通りです。レストランの経営姿勢にまで視点を当てたところが、このガイドブックの特徴とも言えます。

◎得点配分

〈料理〉————————————————————20点
　料理の質と水準を中心に評価、ワインなど飲みものの品揃えにも配慮。

〈サービス〉———————————————————10点
　サービス係の心配り、料理知識、スマートさと、サービス進行のスムース度を採点。

〈雰囲気〉————————————————————10点
　内装のセンス、清潔度、全体の雰囲気、眺望、夜景の美しさを総合評価。

〈経営姿勢〉———————————————————10点
　コストパフォーマンスの高さ。加えて、あざとい商法を排して食文化の発展に寄与し、一般社会に貢献しようとする経営姿勢を採点。

店のコメント以外に、その店のおすすめ料理、チャーム・ポイント、ウイーク・ポイント、そしてその店に対するひとこと提案を書き添えました。

注解
本書に使用されている料理用語

アペタイザー　前菜。オードブルの英語で、食欲をかき立てるものの意。（p.76など）。イタリア語でアンティ（p.82など）

アミューズ　フランス料理の突き出し。アミューズ・グールあるいはアミューズ・ブーシュの短縮形で、口なぐさみの意。（p.34、p.94など）

青背　アジ・サバ・ブリなど背の青いサカナ。（p.54、p.68など）

エテュヴェ　蒸し煮。通常は水を使わず、食材の水分で煮る。（p.36、p.98など）

オーセンティック　本物の、正統派の、の意。（p.34など）

カイザーロール　材料にバターや玉子を使わない、軽い食感のドイツパン。（p.78など）

カラフェ　水差し。ワイン差し。（p.81など）

ガルニテュール　料理の付け合わせ。単にガルニと呼ばれることが多い。（p.98など）

グリビッシュ　ゆで玉子、ハーブ、ケッパーで作る酸味の効いたソース。（p.37など）

コンポート　フルーツの砂糖煮、シロップ煮。（p.27など）

才巻き海老　江戸前の天ぷら・鮨に格好の、やや小型サイズの車海老。初夏から盛夏にかけてが旬。単に巻（まき）と呼ばれることもある。（p.40、p.57など）

ソルベ　シャーベットのフランス語。（p.33など）

ソルベット　シャーベットのイタリア語。（p.39など）

多加水系　主に中華麺の特質・系統を指すときに使われる。多加水麺とは加水率を高くして製麺された麺。加水率と麺のちぢれはほぼ正比例する。（p.112など）

窒息鴨　首の後部に針を刺されて屠殺された鴨。血液が流出せず、体内にとどまるために肉の風味が高まる。この屠殺法をエトフェといい、昭和天皇も訪れたパリの「トゥール・ダルジャン」が初めて取り入れた。（p.39など）

テクスチャー　食感。舌触り。（p.43、p.68など）

デセール　デザートのフランス語。（p.19、p.33など）

天ばら　塩で食べるかき揚げ丼。小柱や芝海老入りのかき揚げをどんぶりの中でばらし、ごはんと混ぜ合わせたところに、塩をぱらっと振り

入れていただく。(p.40、p.58など)

パートフィロ 小麦粉やトウモロコシ粉を練って作る薄い皮。地中海東部沿岸が発祥の地とされる。(p.33など)

八寸 懐石料理の初めに供される前菜。本来は、八寸四方の杉の角盆を指したが、転じてその盆に盛られる酒肴もそう呼ぶようになった。(p.26、p.28など)

パッパルデッレ 幅広いリボン状のパスタ。ラグー(ミートソース)との相性が良く、噛みごたえがある。(p.39など)

バンズ ハンバーガー用の丸いパン。(p.78など)

ピタ ヘブライ語(イスラエルの公用語)で「アラブのパン」のこと。袋状のパンをふたつに切り、ドナ・ケバーブ(羊のあぶり肉)やファラッフェル(ひよこ豆のコロッケ)をはさんで食べる。(p.108など)

フォー 米の粉で打つ細く白いヌードルで、稲庭うどんに似る。ベトナムの国民食で、あっさりした塩味のスープとともに食べる。 例:フォー・ガー=鶏肉のフォー (p.34など)

フュージョン 複数の国の料理の融合、複数の味覚の融合、または、その融合した料理。(p.96など)

フラン フランスの玉子料理の一種。茶碗蒸しに似る。(p.18など)

フリカッセ ルーで煮込んだ料理。クリーム煮であることが多く、若鶏やうさぎなどがポピュラー。(p.18など)

プリフィクス 直訳すれば価格固定。決まった値段のコースで、数種類の前菜・主菜・デザートから選ぶスタイルが一般的。料理によってはサプルマン(追加料金)を課せられることが多い。(p.20など)

ブルスケッタ 本来はトーストした薄切りのパンに、バジルとニンニクで風味付けしたサイの目切りトマトをのせた一種のオープンサンド。(p.74など)

ポーション 一人前。(p.23、p.25、p.53、p.86など)

ポシェ サッと軽くゆでること。ポーチドエッグのポーチの感覚。(p.36など)

ポワレ フライパンで焼き炒めること。ソテーより油の量が多いために、焼き上がるというより、焼き揚がるという感じでコンガリ、パリッと仕上がる。(p.19、p.88など)

マンテカート 干し鱈とじゃが芋のペーストを焼き上げた料理。よく似ているフランスのブランダードが食材を選ばないのに対して、こちらはほぼ例外なく干し鱈が使われる。(p.25など)

ロティ ローストのフランス語。例:プウレ・ロティ=ローストチキン (p.18、p.19など)

丸ビル・各フロア〈お店位置図〉

36F
(p.18〜p.29)

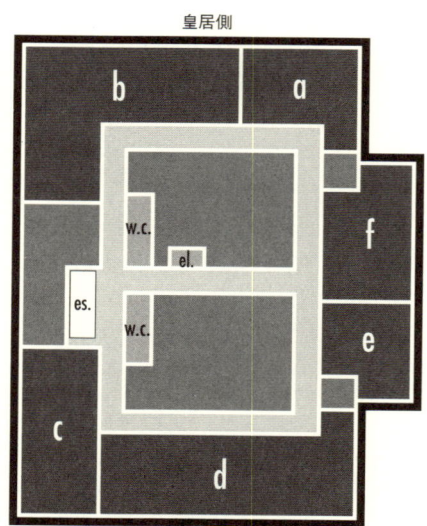

a　レストラン・モナリザ（フランス料理）
　　☎03-3240-5775（p.18）
b　福臨門 魚翅海鮮酒家（中国料理）☎03-3283-2002（p.20）
c　BREEZE OF TOKYO（ラウンジ＆ダイニング）
　　☎03-5220-5551（p.22）
d　アンティカ オステリア デル ポンテ（イタリア料理）
　　☎03-5220-4686（p.24）
e　暗闇坂 宮下（和食）☎03-5220-3331（p.26）
f　招福楼（日本料理）☎03-3240-0003（p.28）

el.=エレベーター　es.=エスカレーター　W.C.=トイレ

35F
(p.30〜p.45)

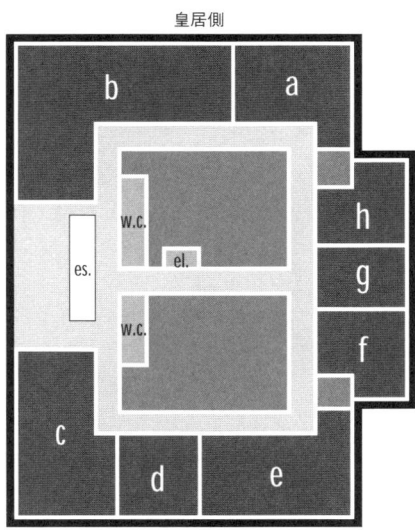

皇居側

東京駅側

a モリタ屋（すき焼き・しゃぶしゃぶ・オイル焼き・ステーキ）
☎03-5220-0029（p.30）
b Sens & Saveurs（フランス料理）☎03-5220-2701（p.32）
c マンゴツリー東京（タイ料理）☎03-5224-5489（p.34）
d AUXAMIS TOKYO（フランス料理・ワインバー）
☎03-5220-4011（p.36）
e RISTORANTE HiRo CENTRO（イタリア料理）
☎03-5221-8331（p.38）
f 天政（天ぷら）☎03-5220-3170（p.40）
g いなば十四郎（日本料理）☎03-5288-1046（p.42）
h 銀座寿司幸本店（寿司）☎03-3240-1908（p.44）

6F
(p.46～p.71)

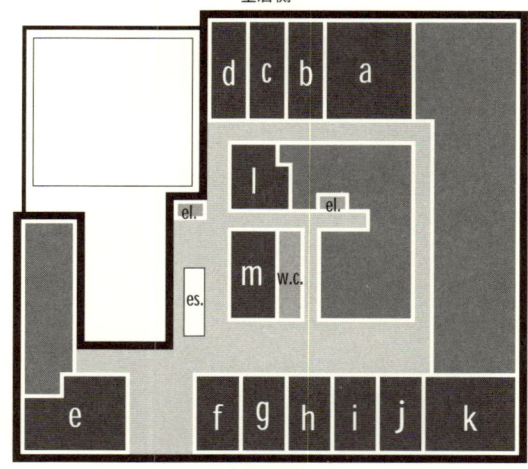

a 炭火焼肉トラジ（焼肉）☎03-5220-7071（p.46）
b しばてん Ranbiki（うどん・ダイニングバー）☎03-3240-1301（p.48）
c 天まる（天ぷら）☎03-3240-6033（p.50）
d かつ玄（とんかつ）☎03-5220-3731（p.52）
e 青ゆず 寅（魚河岸料理）☎03-3240-5790（p.54）
f 鎌倉一茶庵 丸山（日本蕎麦）☎03-3201-0755（p.56）
g 魚新 UOSHIN（日本料理・天ぷら）☎03-5219-4701（p.58）
h 東京今井屋 本店（焼き鳥・鶏料理）☎03-5208-1717（p.60）
i 博多麺房 赤のれん（ラーメン）☎03-3201-4775（p.62）
j 一夜一夜（銀シャリと炭火焼き）☎03-5293-1818（p.64）
k 旬菜美酒 ななは（和食ダイニング）☎03-3240-1020（p.66）
l 沼津 魚がし鮨（寿司）☎03-5220-5550（p.68）
m 京豆冨 不二乃（豆腐料理）☎03-3240-0012（p.70）

el.=エレベーター　es.=エスカレーター　W.C.=トイレ

5F
(p.72〜p.99)

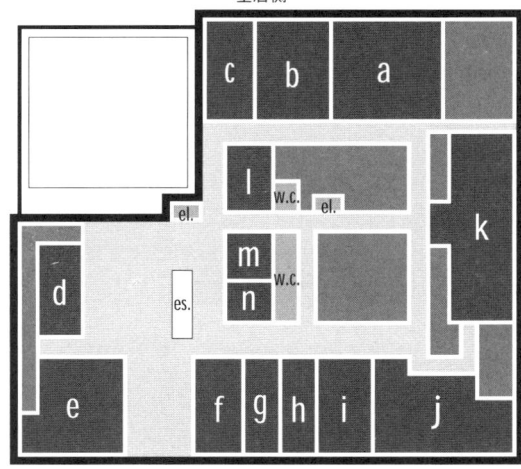

a　筑紫樓 魚翅海鮮酒家（中国料理）☎03-6213-2946（p.72）
b　グリル満天星麻布十番（洋食レストラン）☎03-5288-7070（p.74）
c　パパイヤリーフ（オリエンタル・フュージョン）☎03-5220-4488（p.76）
d　KUA`AINA（グルメハンバーガー）☎03-5220-2400（p.78）
e　CITA・CITA（アジアン・キュイジーヌ）☎03-5220-2011（p.80）
f　ISOLA SMERALDA（イタリア料理）☎03-5288-6228（p.82）
g　精養軒茶房（カフェ・バー）☎03-3201-2920（p.84）
h　WeST PArK CaFE Marunouchi（カリフォルニアキュイジーヌ）
　　☎03-3240-0224（p.86）
i　西洋御膳フレミナール小岩井（洋食・パティスリー）☎03-5224-3070（p.88）
j　Casablanca Silk（ベトナムフレンチ）☎03-5220-5612（p.90）
k　醍醐味（炉端焼・ふぐ料理）☎03-5219-7011（p.92）
l　LABYRINTHE（フランス料理）☎03-5220-7022（p.94）
m　Essenza（パスタ）☎03-3240-0103（p.96）
n　Cafeteria L'OASIS（デリ・カフェテリア）☎03-5220-5567（p.98）

4F
(p.100)

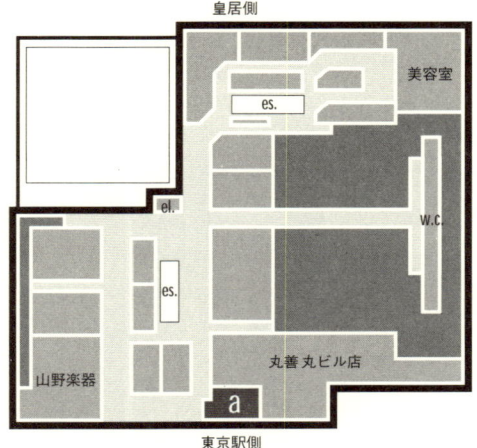

a　EXCELSIOR CAFFÉ（カフェ）☎03-5219-1640（p.100）

1F
(p.102)

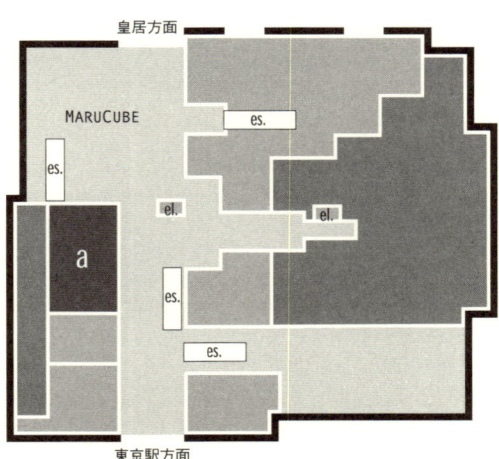

a　丸の内カフェ ease（イベントカフェ）☎03-5218-5505（p.102）

el.=エレベーター　es.=エスカレーター　W.C.=トイレ

B1F
(p.104～p.117)

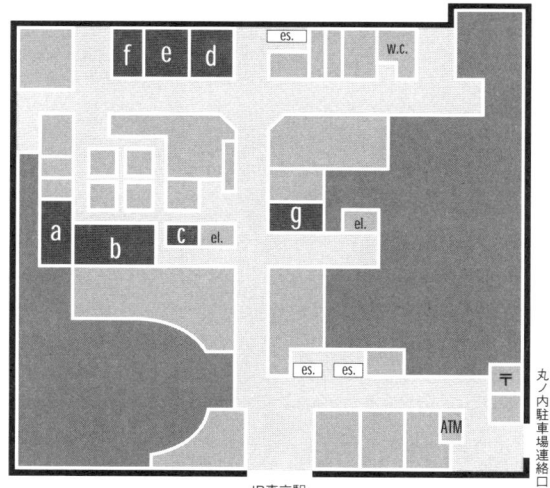

a 胡同家常菜（中国惣菜・菓子）☎03-3240-1023（p.104）
b サラダバッグ・ベジテリア（総合惣菜・野菜ジュース）
　☎03-3240-0120（p.106）
c Very Veggie Flavors（ジュース・カレー）☎03-3240-5788
　（p.108）
d スターバックスコーヒー（カフェ）☎03-5220-7748（p.110）
e らぁめん 永楽（ラーメン）☎03-3201-3363（p.112）
f Soup Stock TOKYO（スープ専門店）☎03-5220-7031（p.114）
g 丸ビル 千疋屋（果実・デザート・カフェ）☎03-3201-0650（p.116）

●地図作成＝[Marunouchi Building FLOOR GUIDE]（発行／丸ビル）を参考にしました。

36F
フランス料理
レストラン・モナリザ

- ●TEL 03（3240）5775
- ●OPEN ランチ11：30～15：00（ラストオーダー14：00）、
  ディナー17：30～22：00（ラストオーダー21：00）
- ●席数 テーブル50席、個室1室

そのおいしさに微笑んだ！

「心温まるサービスとともに名画モナリザの微笑みに包まれるような、心地よいひとときをお約束します」
　お店のコピーである。ちょいとキザだが、たいした自信じゃありませんか。
　この店との出会いは、'01年の2月。恵比寿の本店でアラカルトとコースAを注文し、分け合って食べた。ルロワのポマール・フレミエール'84を抜栓してもらっておいて、ビールで乾杯という寸法なのだが、置いてあるのはエビスのみ。このビール、仕事のあとで一気にやるにはちと重い。街が恵比寿じゃ仕方がないか、浅草に行きゃあアサヒばっかりだしね。もし店先に「エビスありません」の看板があったら、迷わずそこに入るんだけど。でも赤星ラガーと黒ラベルは大好きだから、心配しないでくださいね、サッポロさん。
　二層仕立ての人参のスープは下層にグリンピースのフラン（フランス風茶碗蒸し）を忍ばせてあった。かきと海藻の茶碗蒸しはトリュフの香りにかきのジュースがタップリ。スパゲッティを巻いた手長海老のフリカッセはどこかで見たぞ、パリのミシュラン三ツ星「リュカ・カルトン」だ。あそこでは細く絞り出したじゃが芋のマッシュを巻き付けていたっけ。すずきのポワレのポロねぎソース、仔牛のビール煮（これもやっぱりエビスかな）、仏産野うさぎのロティと、じつにいろいろいただきました。ふたり共通の感想は、まず塩気がきつい。すずきと野うさぎのソース、ビール煮、みなしょっぱかった。そしてフラン系が多い。ただこれはわれわれのメニュー選択にも問題があった。結果としてこの店

〈料理〉19 〈サービス〉9 〈雰囲気〉9 〈経営姿勢〉7 トータル 44

フランス料理

おすすめ料理
小食ならば昼のコースA。健啖家には昼のコースB。夜景はもちろん、ランチタイムの眺めもよい。

チャームポイント
適正価格のおいしい料理とすばらしい眺望。天皇・皇后両陛下のお散歩する姿を拝見できるランチタイムに立ち寄ってみては（冗談です）。

ウイークポイント
ヴァリエーションに乏しいメニュー。

ひとこと提案
河野シェフの性格を反映してか、すべてにおいてあまりにも優等生。ワンパク性のない料理にはときめきを感じることができない。

に対する評価は決して高いものではなかった。

　以来ずっとごぶさたしてしまい、丸ビル店が2回め。せっかくだからと、2年前と同じ友人を誘って、週末のランチタイムに来店。メインにサカナ料理か肉料理をチョイスするコースA（5500円）と、サカナと肉（2種類からチョイス）の両方入ったコースB（6500円）を再びシェアする。まずAの内容は、サーモンの焼きなす包み、フォワグラときのこのフラン、帆立のロティ、仔牛のビール蒸し。Bは京人参のムース、スパゲッティ巻き手長海老のフリカッセ、すずきのポワレ、うずらとフォワグラのちりめんキャベツ蒸し。ともにデセールの盛り合わせとコーヒー・紅茶が付く。今回は塩も抑え気味でとてもおいしかった。ビール蒸しは多種類の温野菜とともに供されるが、仔牛肉とジロール茸を一緒に口に運べばシアワセいっぱい、口いっぱい。ちりめんキャベツは鳩と最高の相性を見せるが、うずらもどうしてどうしてフォワグラの助けを借りて、ちりキャベの独断専行を許さない。平日のランチには軽めのコース・レジェール（4500円）が用意され、夜のコースはA（7500円）からムニュ・デギュスタシオン（お試し小皿コース16000円）までの4通り。アラカルトは夜のみの提供となる。

　サービスも快適で、スタッフのショコラ色のヘリンボーンのベストがとてもおシャレ。エプロンもキリリと決まって、レストランのユニフォームはかくあるべし。

〈主なメニュー〉
コース・レジェール
　（平日昼のみ）　　4500円
昼のコースB　　　　6500円
ムニュ・デギュスタシオン
　　　　　　　　16000円

36F
中国料理
福臨門 魚翅海鮮酒家
フックリンムーン・レストラン

- TEL　03（3283）2002
- OPEN　ランチ11：00〜16：00（ラストオーダー15：30）、ディナー17：00〜23：00／日祝22：00（ラストオーダー22：00／日祝21：00）
- 席数　テーブル100席、個室4室

炒飯はフカヒレの上を行った！

　おそらく世界中で最も有名な中華料理店であろう。香港の湾仔と九龍でその権勢と名声をほしいままにしている。東京の銀座と大阪の心斎橋に進出して久しい。

　初めはお昼の飲茶に訪れた。東側の窓から皇居を臨む。内部の様子もかなりうかがえて、なんだか禁断の園を覗いてしまったような気がする。ささやかな罪悪感にドギマギしてしまうのは、あながち年配者の方々ばかりではあるまい。皇居に向かって手を合わせる人も少なくないそうだ。さもありなん。

　土曜日の11時、開店と同時に入店。5000円の飲茶コースを注文。豆腐と黄にらのスープでスタート。飲茶5種類（2人なら10種類）を選択する。ギョーザ、しゅうまいはいずれも安定したおいしさ。骨付きバラ肉の黒豆味噌煮はコックリとしたうまみに満ちて、白いごはんがほしくなるがガマンする。シャキッとした油菜心（青菜）炒めが上々で、黄にらともやしの焼きそばはとてもおいしいけれど量が少なくて残念。

　デザートのタピオカ入りココナツミルクは天下一品、他店の追随を許すものではない。お茶は独特の枯れた風味を持つプーアル茶。2人でしめて11500円也。満足度は非常に高いが、サービスには不満。中国人スタッフによる皿の出し引きがかなり荒っぽいのだ。髪にバッチリ寝グセの付いたウェイターなどは言語道断、食欲が失せる。

　現在の昼のプリフィクスは（青）5000円、（禄）7000円、（福）10000円の飲茶を組み込んだ3種類のコースが用意されている。飲茶中心にしては少々高めだが、これだけの味で、しかも丸ビルの36階、

〈料理〉18 〈サービス〉5 〈雰囲気〉7 〈経営姿勢〉6　トータル 36

おすすめ料理
各種炒飯と炒麺（ただしこれだけでは注文を受けてくれない）。入荷があれば鮮魚の清蒸。特に赤はた、あずきはたなどのハタ類がイチ推し。

チャームポイント
フカヒレさえ見送っておけば、フツーの値段でいただけるおいしい料理。

ウイークポイント
サービス担当スタッフの立ち居振舞いと身だしなみ。

ひとこと提案
中国系マレーシア人のRさんという優秀なマネージャーがいるのだから、キッチンとフロアの連携をスムースに。

中国料理

文句は言えまい。

　2回目は夜。コースは18000円、25000円、35000円の3通り。どのコースにもフカヒレが組み込まれている。この夜はあえてアラカルト。フカヒレの上湯スープ仕立てで始め、伊勢海老とたけのこの炒め、豆苗炒め、炸子鶏（龍崗鶏＝ロンコンカイの唐揚げ）と続け、干し貝柱と金華ハムの炒飯で締める。ベストは炒飯。インディカ米のパラリとした仕上がりに歯も舌も欣喜雀躍。戻してほぐして素揚げにした貝柱に玉子の白身だけを炒め合わせ、あさつきで香りと彩りを添える。100点満点のデキであった。

　10年ものの紹興酒を含めて支払いはひとり35000円。皆それぞれに料理には納得。ここでも課題はサービスだった。まず注文してから最初のフカヒレが出て来るまでに45分経過。その間スタッフは入れ替わり立ち替わり5人も卓上の注文伝票を確認に来るのだ。料理が来ないで人が来る。本人たちは気付いてないが悪しき習慣というほかはなく、客のイライラはただ募るばかり。結論づければ、コース料理のような直球勝負には対応できても、アラカルトの変化球で揺さぶられるとあえなく空振り三振の外人助っ人みたい。あるいは細かいパスを繋いでくる攻撃には強いがハイボールでディフェンスラインの裏を取られるとズタズタにされてしまう、あのころのトルシエジャパンの如し。トルシエといえば、モロッコ代表監督のハナシも流れた様子。恩人でもあるし、情も移っているから心配だ。

〈主なメニュー〉
フカヒレの上湯スープ仕立て（1人前）　　　13000円
干し貝柱と金華ハムの炒飯
　　　　　　　　3600円
夜のコース
　　　18000-35000円

36F ラウンジ&ダイニング
BREEZE OF TOKYO
ブリーズ・オブ・トウキョウ

- TEL　03（5220）5551
- OPEN　月～土11：00～24：00、日11：00～23：00（共に17：00～18：00中休み）
- 席数　テーブル88席、カウンター9席、スタンディング・バーあり

減量苦のボクサーじゃないんだから！

高層階の35、36Fにあって、飲みものだけの利用が可能なのはここだけである。とてもありがたい。

「Sens & Saveurs」(p.32)のディナーのあとに訪れた。東京タワーを正面に臨む窓際の席はすでにいっぱい。ラブシートが3組の6席だけで、予約をするとひとり1000円のチャージを取られるが、たまたま空いていればフリーで座れる。その隣りの広めのスペースは予約の有無にかかわらずひとグループ5人までで、5000円のテーブルチャージ。

バーカウンターに落ち着いてリストを開くと、シャンパーニュの品揃えがなかなか。もちろんボトルで頼んでもいいが、すすめられるのはフルーツジュースとのミックスドリンクやスピリッツで割ったカクテル類。シャンパーニュは好んで飲まないほうでも、ここは敬意を表してシャンパーニュ・ミント（1000円）というのを試してみた。ひと口含んで飲み下す。う～ん、とうなったきりあとはもう手が出ない。口直しに今度はオーソドックスなマティーニを。これまたキレ味に欠ける上、爽快感も突き抜け感も全くない。いかりやのチョーサンじゃないが「ダメだ、こりゃ！」なのである。「三度目の正直」（ツレには「二度あることは三度ある」と突っ込まれたが）とホワイトレディをハードシェイクで。これも半分飲んでやめた。客の意図がバーテンダーに伝わっていない。強めのシェイクによって氷が砕け、表面に浮いた氷片が舌の上でとけてゆく感触を楽しみたいのに、ヌルンとしたのが出てきた。銀座の老舗や一流ホテルのバーとは比べるべくもない。仕方がないから東京ステーションホテルのバーに直行。丸ビルが出来てか

〈料理〉14 〈サービス〉6 〈雰囲気〉7 〈経営姿勢〉3 トータル 30

ジャパニーズフレンチ

おすすめ料理
生がき。白身魚のカルパッチョ。

チャームポイント
丸ビル内唯一の本格的なバースポット。

ウイークポイント
シャンパーニュ、ワイン、ビールなど抜栓するだけのものが他店と変わらないのは当たり前。それ以外の飲みものは水準に達していない。

ひとこと提案
バーテンダーに修業させるか、プロを雇うべし。食事はつまみにあらず、それ相応のボリュームを。

　らというもの、ひんぱんにこのホテルに通うようになった。最近は混んでいて入れないことも少なくない。パレスホテルや東京會舘でもいいのだが、足はどうしても帰宅に便利な東京駅に向かってしまう。

　次は大勢で「モリタ屋」(p.30)のしゃぶしゃぶの前に食前酒とシャレこんだ。ボランジェのNV(8900円)を1本オーダーしてみんなで乾杯。カクテルは避けたほうが賢明という学習効果の勝利を祝って心の中でVサイン。

　3回目は週末の2000円のランチ。前菜は帆立のマリネとめかじきのマリネ。メインが真鯛のグリエにリブアイステーキ。食材は良質で味もいい。しかしポーションがあまりにも小さい。ライスなんか仏様に供えるごはんだってもっと盛りがいいぞ。減量に苦しむボクサーじゃあるまいし、ったく。夜のダイニングは2種類のコースのみでアラカルトはない。

　4回目。われながら文句言いつつ、よく通うよ。ハイネケンの小ビンを飲みながら岩手大沢産と北海道厚岸産の生がき盛り合わせ。それにAssorted Sushi(すしの盛り合わせ)は紫うにと水だこと中とろのにぎり、うなぎと玉子のロール。粉わさびが気になるけれど、すしダネ自体はちっとも悪くない。かきも良質だった。

　ディナーのあとにフラッと立ち寄ってサクッと飲み、相手がいればサラッと口説く。それがこの店の正しい使い方であります。

```
　　〈主なメニュー〉
セットランチ　　　2000円
Assorted Sushi　　2000円
夜のコース
　　　　6800円、8500円
```

36F
イタリア料理

アンティカ オステリア デル ポンテ

- ●TEL　03（5220）4686
- ●OPEN　ランチ11：00～15：00（ラストオーダー14：00）、ディナー17：30～（ラストオーダー21：00）
- ●席数　テーブル50席、個室2室

イタリア料理界のガリー・リネカー

　ミシュランの二ツ星に輝くリストランテがミラノからやって来た。10年ほど前には三ツ星を獲得していた時期もある。経営するのはカーディナル。ソニービルの「サバティーニ・ディ・フィレンツェ」、「パブ・カーディナル」、新宿の「エル・フラメンコ」とは姉妹店ということになる。シェフのエツィオ・サンティン氏は60代も後半にさしかかった大ベテランだが、まだまだ元気な様子である。

　席に着くといきなり食前酒にとスプマンテ（イタリアのシャンパーニュと思って下さい）をすすめられる。これを断わる客はまずいない。店のほうもそのあたりはじゅうぶん計算していて、言葉は慇懃だが有無を言わせぬ重圧感を客に与える。1グラス2000円らしい。断言できないのはわれわれがそれを断わったからで、替わりにビールを注文した。どんな高級レストランでも最初はビール、数十年間それで通してきた。仕事のあとの最初の1杯は何といってもビール、もう何ものにも代え難い。好みのスーパードライが無いので、わりと好きなキリンのクラシックラガーにしたのだが、あとで勘定書きを見てビックリ。小ビン1本がなんと、なんと、ついでにもう一丁、なんと金2000円也。「おい、おい、嘘か冗談かハッキリしろい！」──　気づいたのが翌朝でいまだに店に問い合わせてはいないが、いやはや驚いた。ひょっとしたらすべての客の食前酒はスプマンテでキマリだからと、ハナから一律2000円をチャージしているのかもね。あざといなあ。

　タルトゥーフォ・ビアンコ（北イタリア産白トリュフ）が入荷していると聞いて小躍りしたら、23000円のコースのみでアラカ

〈料理〉15 〈サービス〉8 〈雰囲気〉9 〈経営姿勢〉5 トータル 37

おすすめ料理
料理ではないがバルベーラ・ダスティ・ポモロッソ(コッポ)。ネッビオーロの銘酒、バローロ、バルバレスコに勝るとも劣らない赤ワイン。'96もの16000円。あとは濃厚無比のエスプレッソ。

チャームポイント
インテリアと夜景とアトモスフェア(雰囲気)。

ウイークポイント
アンティパスト5、パスタ5、セコンド9(魚貝4、肉5)種類の料理はリストランテとしてかなり品数に乏しい。

ひとこと提案
入り口のメニューは料理名を具体的に記入すべし。あれでは客にとって何の意味もない。コース名だけで許されるのは日本料理店の特権。

イタリア料理

ルトは無し、とのことであきらめる。チョイスできないコース料理に興味はない。毛がにとアヴォカドのミルフィーユ仕立て、干し鱈とポテトのマンテカートでスタート。前菜のわりにポーションが大きく、変化にも乏しい味で少々あきてくる。ほうぼうのラグーのタリオリーニはわざわざほうぼうを使う必然性が伝わってこない。白身魚のパスタはついひと月前に「アロマフレスカ」でかすべと黄にらのタリオリーニを食べたばかりでつい比較してしまったが、日本人シェフ原田氏の圧勝。もっとも彼の上をいくのは本場の名店といえども並大抵なことではない。瀬戸内産舌びらめのカルトッチョ(紙包み焼き)、フォワグラを詰めた山うずらの胸肉のロースト、ともに躍動感に欠ける。ここまで食べ継いできて気になったのはどの料理もやけにぬるいのだ。それとかなり凝ったお皿を使っているが、大きな正方形の皿の上に小さな正方形の皿2枚を並べたヤツね、あれは食べにくいし、ナイフ・フォークを使うときのカチャカチャ音を抑えるのに苦労してしまう。料理人もあの皿でいちど食べてみたら判るハズだ。

この夜は不完全燃焼に終わった。期待が大きかっただけに落胆も大きい。鳴り物入りでJリーグに乗り込んだものの結果を出せなかったスーパースターとどこかイメージが重なる。

名古屋グランパスのリネーカーしかり、鹿島アントラーズのベベトしかり。この店と「Sens & Saveurs」(p.32)はホントにそんな感じがする。

〈主なメニュー〉
干し鱈とポテトのマンテカート　5000円
ほうぼうのタリオリーニ　3700円
山うずら胸肉のロースト　7500円

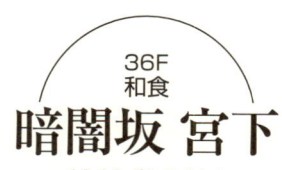

36F
和食
暗闇坂 宮下
くらやみざか みやした

- ●TEL　03（5220）3331
- ●OPEN　ランチ11：00〜15：00（ラストオーダー14：00）、ディナー18：00〜23：00／日祝22：00（ラストオーダー21：30／日祝20：30）
- ●席数　テーブル16席、カウンター18席、個室2室

かぐわしき松茸ごはんと、いまわしき煙草のけむり

　元麻布は暗闇坂の本店に初めておジャマしたのはわりと最近の'02年10月、すでに丸ビル店がオープンしたあとのことである。まずはビールを注文するのだが、リストに地ビールのオッター・フェスト（獺祭＝だっさい）とあった。じつはこの前夜に西新宿の居酒屋「吉本」で、いばら蟹の内子や塩いかのきゅうりもみを肴に、獺祭の純米吟醸を飲んだものだから興味を引かれたのだ。獺祭の造り手である山口の旭酒造が同じ水で地ビールを製造していて、その名が獺（かわうそ）の祭りを英訳したオッター・フェストだ。

　麻布の夜はそのビールで始まった。皮はぎの刺身とゆでた身の肝醤油添え、つぶ貝と広島菜のポン酢和え、鰆のもろみ焼き、松茸ごはん、以上は10品あまりの料理で特に印象に残ったものである。松茸ごはんはもうその香りにむせかえるようで、炊飯器のフタを開けるたびに店全体がかぐわしさに包まれる。やや硬めに炊かれたごはんの味も最高だった。

　1ヶ月半ほどして丸ビル店へ。コースは3種類。宮下（8000円）がスタンダード版で、摘草（8000円）は精進料理、得手勝手（12000円）は食材の質は変えずに品数が増えてボリュームがふくらむ。ふたりで出掛け、宮下と摘草をお願いし、お互いにそれぞれの味を確かめながら食べ進んで行くことにする。

　宮下は吸いくちのしじみのすましのあとにあん肝や鴨ロースの並んだ八寸、百合根の茶碗蒸しが来て、その次にお造り。ひらめにはおろしポン酢、平貝の焼霜造りと本まぐろにはおろし立ての本わさび、素材の質の高さを実感できる。真鯛のかぶら蒸しもな

〈料理〉16 〈サービス〉8 〈雰囲気〉7 〈経営姿勢〉7　トータル 38

おすすめ料理
夜のコース料理、宮下。

ウイークポイント
カウンター奥と、窓際テーブル席の間隔が狭く、フロアスタッフが客の椅子に接触するから、落ち着いて食事ができない。

チャームポイント
良質の素材を使い、おいしさの安定した料理。

ひとこと提案
夜はともかく、昼には定食や弁当のような手軽なメニューがほしい。

かなか。はまぐりの吸いものと一緒に出された舞茸ごはんは先日の松茸ごはんがすばらしすぎたがために、落差を感じてしまう。デザートは柿のコンポート。

摘草では湯葉のおいしさが際立った。里芋のすり流しで幕開け。油揚げと京小松菜のひたし、しいたけと水菜のひたし、汲み上げ湯葉、野菜の炭火焼きと続いた。湯葉のかぶら蒸しは真鯛でだしをひくが真鯛の姿は見えない。舞茸ごはんにはなめことみつばの赤だしだ。デザートは同じく柿。

昼は日毎（ひごと─3800円）と陽向（ひなた─5800円）の2種類のコース料理のみで、松花堂弁当のようにサッと食べてサッと帰られるものはない。昼の予約は簡単に取れるが、夜はカウンター席なら3〜4日前に、窓際のテーブル席は1ヶ月先まで埋まっているようだ。

短期間の間に暗闇坂と丸ビルを食べくらべたが、暗闇坂が一枚ウワテである。あちらの料理にはキレ味の鋭さを感じる。丸ビル店の評価が低いのはその夜の偶然のせいかもしれない。すぐ隣りのテーブルの男性3人組が揃いも揃ってチェーンスモーカー、山形の銘酒、十四代の一升ビンをテーブルにドンと置き、飲んでしゃべって吸いまくる。周りの迷惑などいっさいお構いなし。かなりの常連風を吹かしていたが、はたから見ても見苦しい。名店たるものこういった無頼の輩（やから）は店の片隅にでも隔離すべきで、決して放し飼いにしてはならない。

〈主なメニュー〉	
昼のコース日毎	3800円
夜のコース宮下	8000円
夜のコース得手勝手	12000円

36F 日本料理
招 福 楼
しょうふくろう

- TEL　03（3240）0003
- OPEN　ランチ11：30～15：00（ラストオーダー14：00）、ディナー17：00～23：00／日祝22：00（ラストオーダー21：00／日祝20：00）
- 席数　テーブル席なし、カウンター10席、個室7室

名店のアカウンタビリティ（説明責任）

　滋賀県八日市にある名亭の東京支店。ついこの間まで上野広小路の鈴乃屋本店ビルにあったが、丸ビルの開業に合わせてこちらに移って来た。今はなき上野店を初めて訪れたときのことは今も忘れることができない。

　4年前の'99年、夏も盛りのころだった。記憶に残っている料理をつれづれに書き出していくと、こち、まこがれい、赤いかの造り盛り合わせ。白身の繊細なキレ味を満喫した。まさに夏の造りはかくあるべし。目にも涼やかな氷の器に盛られた笹切り冷麦。余計な水分をとばして、淡いうまみがかすかに濃縮しているきすの風干しは清純派女優の薄化粧さながら。ペースト状のたで酢でいただく鮎の塩焼きの鮮烈な香りに、振り向いて訊ねると、滋賀県愛知川（えちがわ）の天然ものと応えがかえる。度肝を抜かれたのがデザートの丹波黒豆水ようかん。空気をいっぱいに含んだスフレのような水ようかんが舌の上でとろけるというよりも蒸発していく感触に、ただ呆然とした。

　あのときは20000円のコースだったが、'02年11月上旬の丸ビル店は12000円の風流点心。ダイジェスト版でお届けすると、真鯛とまぐろ中とろの造り。真鯛はコリコリ、中とろネットリ。柚子と壬生菜をあしらった真鯛と聖護院かぶらのお椀は見事なまでの洗練を見せて本日のベスト。八寸ではきす糸造りのほや掛けと玉子黄味の味噌漬けの2品が光った。

　煮椀がまたスゴい。鴨団子、こも豆腐、春菊の炊き合わせで、老舗の風格に満ちている。これがセカンドベスト。ベテランのおネエさんに鍛えられてる若い女性たちのサービスがたどたどしく

〈料理〉19 〈サービス〉9 〈雰囲気〉8 〈経営姿勢〉7 トータル 43

日本料理

おすすめ料理
夜は懐石 花。昼なら松花堂弁当。

ウイークポイント
重箱の隅をつつけば出て来るだろうが、指摘するほどのものはいまのところナシ。

チャームポイント
料理はもとより、笑顔の絶えないサービス。

ひとこと提案
開店当初の混乱もあろうが、上野店のほうが上だった。早く本領を発揮していただきたい。

も初々しく、ほほえましい。

師走に入って昼の松花堂弁当（6000円）は、限定20食。わさびの効いためじまぐろの山かけで順調な滑り出し。はまぐりと焼き餅入りのかぶらすり流しが継いで、田の字に仕切られた松花堂の登場。春子鯛（真鯛の幼魚）のかまの幽庵焼きが強く印象に残った。残念だったのは締めのうなぎ山椒煮茶漬け。先日おジャマしたときに、近江の本店から取り寄せてもらった山椒煮を買い求めて自宅で愛用していたおりもおり、いささか興をそがれた。

この店にはひとつだけ注文がある。うかがったときにその夜の品書きをたとえ手書きでも、立て込んでいるならば後日ファックスでもと、お願いしたのだが、やんわりと断わられた。上野店ではいただけたのだが、立派な料理本まで上梓している名店がこれでは寂しい。日本を代表する料理店にはその程度の求めに応じる義務があるハズだ。

これはなにも日本に限ったことではない。フランスのミシュラン三ツ星店を訪れるたびにメニューをいただいているが、断わられた試しがない。「タイユヴァン」オーナーのヴリナ氏など、厨房からシェフを呼び出してメニューにサインさせ、その下に自分もサインしてから手渡してくれた。ただ1軒、「トゥール・ダルジャン」だけはベツ。

「1階のスーヴニールショップでお買い求めください。メルシー・ムッシュー！」

〈主なメニュー〉	
松花堂弁当	
（昼のみ限定20食）	6000円
懐石 花	17000円
懐石 月	22000円

35F
すき焼き・しゃぶしゃぶ
オイル焼き・ステーキ

モリタ屋

- ●TEL 03（5220）0029
- ●OPEN ランチ11：00～15：00（ラストオーダー14：30）、ディナー17：30～23：00／日祝22：00（ラストオーダー21：00／日祝20：30）
- ●席数 テーブル50席

京都の牛が初見参

　松阪・近江・神戸の陰に隠れたせいか、京都牛というのは耳に新しい。直営牧場で肥育した京都牛を専門に扱う「モリタ屋」が初めて東京に進出してきた。明治2年創業、京都は四条大宮の猪熊町に本店をかまえる。ミートショップとしては老舗の中の老舗だ。今の若者は寝ても覚めてもヤキニク、ヤキニクで、すき焼き・しゃぶしゃぶは人気のカヤの外、旗色がよろしくない。それでも焼肉の「トラジ」（p.46）、すき焼きの「モリタ屋」と2軒の牛肉専門店がうまいこと日韓に分かれてくれて、丸ビルにとってもわれわれにとっても良かった。

　初回は奮発して最上等の特選しゃぶしゃぶ（9500円）。赤ワインはＪ・Ｊ・モルティエのニュイ・サン・ジョルジュ'99（12000円）。湯葉豆腐、ばい貝酒煮、小柱の菊花和えなどの前菜5点盛りでスタート。日本料理の店ではないから初めからこういうものには期待していない。やはり思った通りで、例えばこれがワンフロア上の「招福楼」（p.28）の料理であったら客は納得しないだろう。かといって前菜替わりにサラダやオードブルなど、いわゆる洋モノでは年配者が不満だろうし宴会にもそぐわない。うなぎ屋だったら、うざくだ、う巻きだ、肝焼きだと、蒲焼きが焼き上がるまでの継投策に頭を悩ませることもないが、このあたりが牛鍋屋の辛いところ。ひょっとすると真っ当な副菜の欠落が牛鍋屋没落の遠因となったのではなかろうか。それに引き換え焼肉屋にはキムチ、ナムル、レバ刺し、ユッケ、チヂミとバイプレイヤーが目白押しだものね。

　お次は早々としゃぶしゃぶのはじまりはじまり。キョートビーフには見事なサシが入っていて目にまぶしい。ザクは湯葉、生麩、

〈料理〉16　〈サービス〉7　〈雰囲気〉7　〈経営姿勢〉5　トータル 35

すき焼き・しゃぶしゃぶ
オイル焼き・ステーキ

おすすめ料理
特選しゃぶしゃぶ。

ウイークポイント
現時点では、牛肉以外の料理は目を覆うばかり。

チャームポイント
最上等の牛肉のうまさ。

ひとこと提案
なんとかメニューを増やしましょう。本店では中華料理も出されるというじゃないですか。

マロニーなど全11種類。箸先に1枚つまんで軽くひとしゃぶ、その間1.5秒、ポン酢にくぐらせて味わうと、かなりの脂身なのにちっともしつこくない。濃いめのごまダレをとうとう使わずに一人前をペロリ。

　後日、今度はすき焼きの松（8000円）。ワインも相応にモワラールのボジョレ・ヌーヴォー（6000円）。前回も感じたのだが造り手から察すると、どうもここのワインはみな明治屋から入れているようだ。ワンランク下がって前菜は3点盛りとなっていた。牛肉は見たところ、前回よりもかなり格が落ちたようだ。熱い鉄鍋にまずザラメを振り入れたのにはビックリした。そこへ牛肉、醤油の順に足してゆく。係の女性が煮えた牛肉を手際よく、ザブリと溶き玉子に落としてくれたところをパクリとやる。特選しゃぶしゃぶとは肉が違うし、砂糖の甘さと醤油のしょっぱさがまだトンガったままで少々気になる。ザクは6種で九条ねぎと玉ねぎの両方を使っている。

　基本的に昼夜ともに同メニューだが、最近になって平日のランチには牛鍋膳、櫃まぶし膳（ともに2800円）、限定30食のモリタ屋弁当（3000円）を出すようになった。もともとは値段を抑えたランチメニューをすぐにでも始める予定だったが、あまりの繁盛ぶりに方針変更、強気の値嵩（ねがさ）メニューで押し通してきていたのだ。とにかく気軽に入れるようになったのはとてもいいことである。

〈主なメニュー〉
梅すき焼きコース　5000円
竹しゃぶしゃぶコース
　　　　　　　　6500円
特選ステーキコース（ヒレまたはロース）200g
　　　　　　　　10000円

35F フランス料理
Sens & Saveurs
サンス・エ・サヴール

- ●TEL　03（5220）2701
- ●OPEN　ランチ11：00〜15：00（ラストオーダー14：00）、ディナー18：00〜23：00／日祝22：00（ラストオーダー21：30／日祝20：30）
- ●席数　テーブル80席、個室1室、食前・食後酒用バーカウンターあり

眠れる獅子よ、目覚めよ！

1998年にミシュランの三ツ星に輝いたモンペリエの「ル・ジャルダン・デ・サンス」。シェフは双子のプルセル兄弟。2002年に開店後半年足らずで一ツ星を獲得したパリの「ヒラマツ」を率いる平松宏之シェフ。このふた組のコラボレーションとして鳴りもの入りでオープンした。3月中旬、ジャスダックに上場した（株）ひらまつも初値が公募価格を上回り、順調な滑り出しで、まさに順風満帆というところだ。

プルセル兄弟の料理に接したことはない。広尾の「レストランひらまつ」には'02年の夏に訪れている。シンプルなまこがれいのグリエはさすがに旬、繊細なうまみいっぱい。軽くスモークした仔鳩胸肉のローストはその上をいった。白（シャンパーニュにピンクペッパー）と緑（美食家のパセリといわれるセルフィーユ）の2色のソースが印象的で、薫製香とニンニクの香りがからみ合い、デュジャックのクロ・ラ・ロッシュ'88と鮮やかにシンクロナイズしていく。ワインリストが充実していて、特にドゥミ（ハーフボトル）の品揃えには感心した。見識である。

おおいに期待して乗り込んだ。「ひらまつ」のときと同様、フランス産のクローネンブールでノドをうるおす。赤ワインはルロワのショレイ・レ・ボーヌ'95であったのだが、どうしたことか閉じっぱなし、とうとう最後まで開いてくれなかった。ウォッシュ系チーズのエポワスあたりの力を借りれば、どんなじゃじゃ馬ワインだろうがひとたまりもないのは承知している。でもこのクラスのレストランでそんなマネはしたくない。

アンチョビ風味とオリーヴの小さなふたつのパイ、栗とかぼち

〈料理〉15 〈サービス〉7 〈雰囲気〉9 〈経営姿勢〉6 トータル 37

おすすめ料理
グラス・ワイン付き税・サ込み5000円のランチコース。週末は8000円。

チャームポイント
西側に皇居を臨む喫煙者向けバーカウンターからの眺望が素敵。煙草を吸わない方も寄ってみてください。

ウイークポイント
心に響く料理がない。もう一歩踏み込んで個性を発揮してほしい。

ひとこと提案
メニューの料理名にもっとデリカシーを。あれではおいしそうに見えません。

フランス料理

ゃのカプチーノ仕立てでスタート。「貝類のコンソメゼリー寄せ」は帆立、はまぐり、かき、北寄貝の多種多様な貝を冷製コンソメで寄せたものにグリンピースの冷たいスープとウォッカのソルベが添えてある。上品なおいしさだがちょっとインパクトに欠けるかな。「オマールと鴨薫製、マンゴとの出会い」という仰々しいネイミングのひと皿は、塩気が強く、それほどの相性とも思えなかった。「ひらめの瞬間鉄板料理、小やりいかのラタトゥイユ詰め」は立派なひらめながら火の通しすぎ。それにしても何という名前を料理に付けるんだろう。昨夏と同じ美味を求めて注文した「仔鳩胸肉のロースト、もも肉とポテトのミルフィーユ仕立て、バナナのパートフィロ包み揚げ」は、ソースに鳩の血か内臓を混ぜ込んだような臭みが残り、期待は外れた。デセールにも特筆するものはなく、エスプレッソは「スタバ」(p.110)のほうがいい。

「アンティカ オステリア デル ポンテ」(p.24)でも触れたが、たとえフランスやイタリアの一流店であっても、開店してすぐに高い評価を得られるほど、東京という街は甘くはない。「アンティカ」よりは「HiRo CENTRO」(p.38)、「Sens & Saveurs」よりは「モナリザ」(p.18)のほうが上である。シェフたちは東京に常駐しているわけではないだろう。したがって実際に厨房を仕切るのは日本人のスー・シェフ（副料理長）だろう。恐れることはない、親分の顔色を窺おうにも相手は海の向こうだ。早く目覚めて本領を発揮してほしい。

〈主なメニュー〉
貝類のコンソメゼリー寄せ　　　　　　　　　　　4000円
オマールと鴨薫製、マンゴとの出会い　6000円
仔鳩胸肉のロースト 5000円

35F
タイ料理
マンゴツリー東京

- ●TEL　03（5224）5489
- ●OPEN　ランチ11：00〜15：00（ラストオーダー14：30）、ディナー17：00〜23：00（ラストオーダー22：00）
- ●席数　テーブル90席、個室1室

トムヤムクンがとびっきり！

マルハ（旧大洋漁業）の子会社マルハレストランシステムズの経営で、バンコクの有名店を誘致して開店した。有楽町のタイスキ専門店「コカレストラン」とは姉妹関係にある。「コカレストラン」もタイ各地にチェーン展開しているところを日本に呼び込んだ。台北からの「欣葉（シンイエ）」、ローマからの「マレンマ」も同様でこのスタイルはマルハさんの常套手段、うまくワークしているようだ。

ランチブッフェ（2500円）はそこそこにまとまっているが、核となる料理がないという印象。微笑みの国タイのことだから、非核の原則をつらぬいているのかもしれない。小いかやローストビーフを生野菜と合わせたサラダ風や小海老、牛肉、ほうれん草などの炒めもの系が多い。ライスヌードルを使った屋台風のスープそばはセンレック、ベトナムのフォーに似ている。

ブッフェではこの店の真価と実力を計りかねた。さっそくディナーの予約を入れるが、2種類あるコース料理（A＝6000円、B＝8000円）を注文しないと、予約を受けてもらえない。アラカルトを楽しむためには夕方早めに出掛けるか、2回転めの8時過ぎを狙うしかないが、窓際の席は予約客に占有されてしまい、まず確保できないだろう。

コースAは軽めのヌーヴェル・タイ、Bはボリュームのあるオーセンティック・タイ。同じテーブルでAとBというわけにはいかないのでAを選択。タイ料理に赤ワインはあまりマッチせず、白の中からガヤのロッシ・バス '01（10000円）を選ぶ。しめじをマリネしたアミューズで始まるが、おざなりなもので、なくてもい

〈料理〉16 〈サービス〉6 〈雰囲気〉8 〈経営姿勢〉6　トータル 36

タイ料理

おすすめ料理
トムヤムクン。ワインは白に限る。

チャームポイント
素敵な夜景と快適な空間。

ウイークポイント
昼のブッフェはともかく、コース料理主体の夜は柔軟性に欠ける。

ひとこと提案
コース料理でもオードブル、スープ、メインをそれぞれ数種類からチョイスできるようになるといい。

　い。ほたるいかと飯だこのタイ風マリネは軟体動物の食感に柑橘系のバイマックル（こぶみかんの葉）とマナオ（タイのライム）の風味がピッタリ。牛タンの網焼きはタンが筋っぽくてナイフが立たない。

　お次のトムヤムクンがいちばんのデキであった。新鮮な車海老と帆立とふくろ茸などのデリケートな食材に、いずれも個性的なレモングラス、カー（タイの生姜）、バイマックル、プリッキーヌー（激辛生唐辛子）、ナンプラーがいっせいに襲いかかる。ひとサジすくって口に運び、一拍おくヒマもあればこそ、すぐにカーッと熱くなって鼻の頭にジュワッと汗がにじみ出る。とびっきりのおいしさだ。しかも白ワインのロッシ・バスとの相性がすばらしい。魚介（手長海老、ひらめ、ムール貝）のグリーンカレーソテーは火の通しすぎで、ひらめなどパッサパサ、カレーソースももっとタップリほしい。サーロインのグリルのタマリンド風味にはインディカ米のバスマティを添えてきた。肉質、味付けともにタンよりいい。好き嫌いの分かれるパクチー（香菜）よりもフレンチでお馴染みの高級香草セルフィーユを多用している。エスプレッソ、レモングラスティーなど食後の飲みものは別料金。

　窓外を見下ろせば東京駅、プラットホームの意外な長さに驚く。乗降する人影が豆粒のようだ。この距離からあの小さな標的を撃ち抜くのだから、ゴルゴ13はモンスターだぜ。ナニ、考えてんだか。

〈主なメニュー〉	
ランチブッフェ	2500円
トムヤムクン	2800円
蟹と伊勢海老の春雨煮	3800円

35F フランス料理・ワインバー
AUXAMIS TOKYO
オザミトーキョー

- ●TEL　03（5220）4011
- ●OPEN　ランチ11：00〜15：30（ラストオーダー14：30）、ディナー17：30（日祝17：00〜）〜24：00（ラストオーダー23：30）
- ●席数　テーブル40席、カウンター6席、個室1室

仔豚と花火と観覧車

「あちらをご覧くださいませ。あれが葛西臨海公園の観覧車でございます。今しばらくいたしますと、ディズニーランドの花火もご覧いただけます」

　バスガイドのような名調子に思わずプッと吹き出した。心の準備が出来ていないところへいきなり、なのである。窓際のテーブル席につくやいなや、なのである。食事の直前のこういうおかしみは何よりのアペリティフとなる。窓は東を向いている。東京駅ははるか眼下にあった。
　この店には埼玉県寄居の石田さんちの仔豚を食べに来た。狙いはその1点、いや、その1匹。生まれて間もない乳飲み仔豚の身肉にとどまらず、その内臓までも食い尽くそうというのだから、わが身、どうして天国に行かれようぞ。
　小麦が原料のヴァイス・ビールを小さなグラスでまず1杯。赤ワインはジョルジュ・リニエのクロ・サン・ドニ '97（9800円）。ブルゴーニュのグラン・クリュ（特級）としてはかなり安い。ちょうど市販価格の1.5倍ほど、良心的な値付けだと思う。
　ピスタチオを散らした鴨と仔牛のテリーヌが最初のひと皿。サッと火を入れた三陸産かきのポシェはそのバタークリームソースがバゲットにピタリとキマる。石垣鯛のカルパッチョにセロリ、かぶ、人参など歯ざわり硬めの野菜のエテュヴェ（蒸し煮）を添えるのは非常に珍しい。これは失敗ではないが成功もしていない。
　いよいよ仔豚クンの登場だ。内臓の盛り合わせは、セルヴェル（脳みそ）、ラング（舌）、クール（心臓）、フォワ（肝臓）、ロニョ

〈料理〉16 〈サービス〉8 〈雰囲気〉8 〈経営姿勢〉8 トータル 40

おすすめ料理
コブタ、コブタ、コブター、コブタを食べよう。

チャームポイント
カウンター6席のワインバー。20時以降はテーブルが空いていればワインだけでも楽しめる。

ウイークポイント
仔豚以外の料理がやや平凡。

ひとこと提案
おそらく2食限定の内臓料理はすぐリザーブされてしまうでしょう。親豚でもいいから内臓料理を充実させてほしい。

ン（腎臓）のオンパレード。むやみやたらにうれしくなる。喜び勇んでナイフを入れるとラング、クール、ロニョンが特にすばらしい。焼きとん屋ではこの三つをタン、ハツ、マメと呼ぶ。じつにおいしかった。ただゼイタクを言わせてもらうと、ソースがバルサミコ風味の1種類だけではあまりにも惜しい。セルヴェルやラングにはケッパー、ハーブの効いたグリビッシュ、ロニョンならどうしてもディジョンのマスタードが恋しくなる。

　続いて今度は骨付き仔豚のロースト。もうちょっと外側をカリカリに焼いてほしいところだが、おいしさはじゅうぶんに伝わってきた。仔豚料理はテーブルの予約をした時に注文してしまおう。そのほうが確実だ。特に内臓料理は1日限定2食、しかも毎日入荷する1匹を解体して状態が思わしくない場合は提供されない。

　最後にもういちど笑わされたのはデセールのグレープゼリー盛り合わせ。ぶどうをかたどったガラス皿にぶどうの品種を変えて6種類のゼリーが並んでいる。メルロー、シラー、カベルネ・ソーヴィニョン、グルナッシュ、ピノ・ノワール、カベルネ・フランがひと粒ずつ。小さな見取り図が用意されていて、客はそれを頼りに味わうのだが、これはおかしかった。味はともかくアイデアの勝利に拍手を送る。

　そのうちにドーンと花火が上がった。いや、音は聞こえない。なんだかとてもいい夜であった。恋人同士におすすめしたいスポットである。

〈主なメニュー〉
昼のセレクションコース　5000円
乳飲み仔豚の骨付きロースト　3800円
夜のプリフィクス　6000円

フランス料理・ワインバー

35F
イタリア料理
RISTORANTE HiRo CENTRO
リストランテ・ヒロ チェントロ

- TEL　03（5221）8331
- OPEN　ランチ11：00〜15：00（ラストオーダー14：00)、ディナー18：00〜23：00／日祝22：00（ラストオーダー21：00）
- 席数　テーブル50席

いつの日かあのトマトを！

1995年に南青山にオープンした「リストランテ・ヒロ」の名声を一気に高めたのは、冷たいトマトのカッペリーニだろう。南国の太陽をいっぱいに浴びた真っ赤なトマトとロングパスタでは最も細いカッペリーニ（正式名カッペリ・ダンジェロ＝天使の髪）との出会い、仲を取り持つのはバジルとオリーヴ油だ。主役はあくまでもトマトでカッペリーニは脇役というキャスティングから、パスタというよりアンティパスト（前菜）としてのひと皿だろう。

　この料理を考案したときに才人山田宏巳の脳裏にあったのはインサラータ・カプレーゼ（カプリ島風サラダ）ではなかったろうか。赤いトマトに白いモッツァレッラと緑のバジル、イタリア国旗を連想させる彩りが美しいアンティパストの定番で人気も高い。ただカプレーゼは料理としての完成度をうんぬんできるものではなく、材料さえ買い求めれば家庭でも簡単に作れてしまう。当然のことながら一流の料理人の情熱を刺激するものではない。ここで、[カプレーゼ−モッツァレッラ＋カッペリーニ＝彼の傑作]という数式が成り立つ。

　ところがこの傑作をいまだに食べたことがない。食べなくとも容易に味の想像がつくというのは言い訳で、実はどうしても他の料理に目移りしてしまうのだ。初めて「ヒロ」を訪れたときも、3種の冷たいカッペリーニのほうを選んだ。小粒キャヴィアのセブルーガ、バジルいっぱいのジェノヴェーゼ、からすみ風味のボッタルガ、この強力な3種盛りの魅力には勝てなかったのだ。

　「HiRo CENTRO」ではランチタイムの Pranzo A（1500円＋10%

〈料理〉18 〈サービス〉7 〈雰囲気〉8 〈経営姿勢〉9 トータル 42

おすすめ料理
お昼の Pranzo A がおいしくて、しかもおトク。

チャームポイント
都の西南に出向かずとも「リストランテ・ヒロ」のおいしさに出会える。都の東北の住人には朗報。

ウイークポイント
山田シェフの姿も時折り見掛けるが、まだ本店のレベルには達していない。

ひとこと提案
ビールが一番搾りだけというのは辛い。ミスプリの多いワインリストをもういちどチェックすべし。

イタリア料理

サービス）のコストパフォーマンスの高さにビックリ。いのししと聖護院かぶらのラグーのペンネッテ、フォカッチャと全粒粉のパン、はちみつのジェラートとあんずのソルベット、エスプレッソが順序良くキチンと出て来る。ランチにありがちなおざなり感は皆無、丁寧な仕事ぶりだった。

安心してディナーへ。2年前の「ヒロ」ではガイウン・マルティネンガ'90（15000円）だったが、今回はカンポ・グロス・マルティネンガ'90（22000円）を抜いてもらう。ワンランク下げたのに値段が上がっている。ずいぶん値上がりしたものだ。ネッビオーロ種の魅力を結集したこの赤ワインとは長いつきあいだが、裏切られたことはただの一度もない。アンジェロ・ガヤやブリッコ・ロッケより信頼感指数は高い。8000円のコースの冷製カッペリーニは、富山の白海老とロシア（イランかな？）のセブルーガのレモン風味であった。たら白子と山芋のオーヴン焼き、オマール海老のソテー、ホロホロ鳥とポルチーニのパッパルデッレ、窒息鴨のローストと、いろいろいただいた。ソースやジュースをスポイトに入れて出すのはスペインの名店「エル・ブリ」の影響だろう。食後に料理を採点してみると、代官山の「ヒロ・ドゥーエ」と同点となった。

切り札の冷たいトマトのカッペリーニなしでも客を満足させることができるこの店は、佐々木抜きでも勝っちゃうシアトル・マリナーズみたいなもんですね。

〈主なメニュー〉	
昼のPranzo A	1500円
昼のPranzo B	2500円
夜のコース	8000円

35F 天ぷら
天 政
てんまさ

- TEL　03（5220）3170
- OPEN　ランチ11：30～15：00（ラストオーダー14：00）、ディナー17：00～22：00（ラストオーダー21：00）
- 席数　カウンター36席、個室1室

天ぷらの醍醐味は小魚にあり！

　イキサツは存ぜぬが、神田の猿楽町から天王洲アイルに移り、今ふたたび千代田区の土を踏んでいる正真正銘の老舗である。猿楽町にはぜひ一度訪れたかったのだが、社会人となって高級天ぷらをたまに口にすることができるようになるまで、お店のほうが待っていてくれなかった。人の一生は短いものだから、こうしたことはよくあることで、音楽の世界でもビートルズを見ることはできたが、プレスリーには間に合わなかったし、エディータ・グルベローヴァには毎年のように東京で会えるけれど、マリア・カラスの存在を知ったとき、彼女はすでにこの世の人ではなかった。

　出会いは天王洲アイルである。'98年2月の夜に初めて訪れた。その前夜にはいっとき経営の苦しかった「グリル満天星」の田町店でエビフライとビーフカツレツに舌鼓を打っているから、連夜の揚げもの三昧であった。そのときは8000円のコース。突き出しのあんきもがちょっと生臭くて、いきなり先行きが不安になったことをよく覚えている。才巻き海老3本、＊きす、＊めごち、グリーンアスパラ、小玉ねぎ、そら豆、すみいか、＊穴子と、揚げてもらった順に並べてみた。＊印付きは特においしかったものだ。お気づきのように小魚ばかりに印が付いている。それも江戸前のものばかりに。「天政」とはこうした店なのである。最後に出た天ばらは小柱のかき揚げをばらしてごはんと混ぜ、塩でいただくものだ。みそ椀（なめこと豆腐）、ぬか漬（かぶときゅうり）があまりにおいしく、恥かしながらあらためてごはんを茶碗でいただいた。大満腹の大満足で帰りのモノレールに乗り込んだものであ

〈料理〉18 〈サービス〉8 〈雰囲気〉6 〈経営姿勢〉7 トータル 39

天ぷら

おすすめ料理
お好みで、サカナ、サカナ、サカナー、サカナを食べよう。コースなら梅（昼4000円、夜8000円）。それに夜なら刺身（2000円〜）を追加。

チャームポイント
都内でも屈指の江戸前天ぷら。丸ビル内の数少ないホンモノ。

ウイークポイント
入れ込みタイプの堀ゴタツ式カウンターがちょっと狭苦しいかな？ 玄関口で帰る客と入る客がカチ合うと一騒動。

ひとこと提案
トイレが店外なので、女性客には御本人の履き物をサッと出せるようにしたい。おシャレして来たのにオモテをスリッパでペタペタ歩かせるのは可哀想。

る。
　'02年10月22日。新生丸ビルの全50店で初めて訪れたのが「天政」である。口開けはここか「寿司幸本店」(p.44) と決めていた。スーパードライの中ビンが空くころに、突き出しの煮穴子が運ばれてきた。これは店のサービスが遅いのではない、こちらのピッチが早いのだ。天ぷらの前の刺身は、車海老、大星、帆立、戻りがつおという内容で、黙っていてももちろん本わさび。大星というのは北海道あたりで獲れる大きな青柳の貝柱のことだが内容的に帆立と重複する。天だねにも使える貝柱の類は使い勝手がいいのだろう。ここはやはり白身が一品ほしいところだ。いいちこのロックに切り替えて、鮨屋のようにお好みで揚げてもらう。才巻き2本、あおりいか、＊めごち、はぜ、大葉たたき、しいたけたたき、＊きす、絹さや、谷中しょうが、なす、＊穴子。たたきとあるのは海老のたたき、いわゆるしんじょのことだ。しかし、驚いた。＊印が5年前と寸分も狂っていない。この原稿を書いているのは'03年4月下旬、そのために'98年と'02年のダイアリーを照らし合わせて気がついた次第で、手心も加えていなければ操作もしていない。変わらぬ仕事ぶりに感服した。あの日もこの晩も揚げてくれたのは若い職人さんであったが、技は立派に継承されていて、まさに老舗の面目躍如といったところだ。先代の奥様が女将として今も元気に采配をふるわれている。からだに気をつけて、いつまでも頑張ってくださいね。

〈主なメニュー〉	
松コース（昼）	10000円
松コース（夜）	15000円
おまかせ（夜）	18000円

35F
日本料理

いなば十四郎（「いなば豆子郎」改め）

いなば とうしろう

- ●TEL　03（5288）1046
- ●OPEN　ランチ11：00〜15：00（ラストオーダー14：00）、ディナー17：00〜23：00／日祝22：00（ラストオーダー22：00／日祝21：00）
- ●席数　テーブル25席、カウンター10席、個室2室

「姫」飲みながら、「ばばあ」鍋

人形町の本店「旬の味豆子郎」には行ったことがない。水天宮そばの支店「豆子（まめこ）」には何度かおジャマした。居酒屋の上がバーになっていて、そのまた上の屋上が好きである。満月の夜など絶好のお月見スポットになる。夜桜を愛でながらの花見酒もけっこうだが、月見酒には日本人の郷愁をくすぐるものがある。

ランチタイムに二段重弁当（3500円）を食べた。サーモンかぶら巻き、銀だら西京漬け、さつま芋レモン煮、精進揚げなどの内容だったが、食後感はどうもイマイチ。目の前の東京駅で売られているデラックス駅弁「大人の休日」（2200円）のほうがずっといい。このところメニューから消えている焼き魚膳（3800円）も試した。甘鯛の一夜干しに炊き合わせや青菜の煮びたしが付くが、やはり満足感は得られなかった。

夜に再訪すべきか迷った。気がすすまない。躊躇する背中をポンと押したのはピンクの表紙の小冊子だった。「丸の内カフェease」（p.102）を経営している三菱地所ビルマネジメントが発行している「Comfy」で、この店のばばあ鍋が紹介されていた。ばばあとは山陰の賀露港で揚がる珍魚で正式名はタナカゲンゲ、通称ばばちゃんとのこと。ひょうきんな顔つきながら、見ようによってはかなりの怪物、深海にひっそりと生息しているそうだ。ゲンゲ類はいろいろと食したがばばあは初めて、さっそく予約を入れた。

ばばあ鍋を楽しめるのは12000円のコース。あぶり白魚、そら豆、うるいのおひたしで始まった。造りの盛り合わせは、さより、ひらめ、すみいか、どろ海老、まぐろ中とろ、素材はみな新鮮だ。

〈料理〉16 〈サービス〉6 〈雰囲気〉7 〈経営姿勢〉5 トータル 34

日本料理

おすすめ料理
ばばあ鍋のコース。

チャームポイント
鳥取から空輸される新鮮でバラエティに富んだ魚介類。

ウイークポイント
松葉がにや一夜干しの炭火焼きなど、素材に手を加えないものはいいが、ほかの料理ものが弱い。

ひとこと提案
本わさびを使うべし。ひらめもまぐろも泣いている。ボトルで取った焼酎のアイスにチャージするのはやめましょう。店の品格を落とします。

しかしニセわさびに思わず天を仰ぐ。隣りの「寿司幸」(p.44)に本わさびを借りに行きたいくらいのものだ。代わりにおろし生姜を頼み、さよりとすみいかは何とかそれで間に合わせる。どろ海老はそのままでO.K、だが、ひらめだけは生姜ではどうにもならず、泣く泣く塩でガマンする。中とろは刺身醤油に冷酒を垂らし、自分で即席のづけにする。ずいぶん苦労させられた。続いて一夜干しの炭火焼きは、はたはた、エテがれい、生の白ばい貝、赤はた、新たけのこ。小ぶりながらも脂ののった赤はたがベスト。目の前でサカナたちを焼いてくれた福井出身のTさん、とても感じのいい仲居さんであった。

ここでいよいよ主役のばばあのちり鍋。コースの中の煮もの代わりということで、やや少なめの量だ。切り身を見た感じではクエに似ている。ほどよく煮えて浮き上がったところをすかさずポン酢でいただく。テクスチャーが銀だらでテイストが真だらですな、こりゃ。アッサリしているわりにはコックリ感もあっておいしい。ゆでた松葉がにのあと、味噌椀、お新香、ごはんと来て、デザートはマスクメロン、お腹はもういっぱい、いっぱい。

鳥取の地酒がいろいろ揃っている。注文した純米吟醸の稲田姫(2000円)がすごい姿で現れた。バズーカ砲のような見事な青竹、その中にはかぐや姫ならぬ稲田姫がなみなみと。凄まじい迫力に度肝を抜かれ、てっきり北朝鮮から巡航ミサイルが飛んで来たのかと思ったぜ。

〈主なメニュー〉	
二段重弁当（昼）	3500円
おまかせミニ懐石（昼）	5000円
かにコース	15000円

35F
寿司
銀座寿司幸本店
ぎんざすしこう ほんてん

- ●TEL　03（3240）1908
- ●OPEN　ランチ11：00〜15：30、ディナー17：00〜23：00／日祝22：00（ラストオーダー22：30／日祝21：30）
- ●席数　テーブル16席、カウンター14席、個室1室

江戸前の小肌が食いてェ！

　銀座6丁目の正真正銘の本店は大好きである。カウンターに陣取って左右はともかく前後がやたらに狭苦しいのさえガマンすれば、口福のひとときが待っている。穴子の肝煮、真鯛の白子煮、ひらめえんがわの煮付け、なんだ、煮たもんばかりじゃないか、と言うなかれ、これをブルゴーニュの赤でやる。ニュイ・サン・ジョルジュやアロース・コルトンなど、それも堅実な造り手のものばかりを良心的な値段で飲ませてくれる。特注のネックの低い、いわばダックスフンドみたいなグラスがユニークだ。「寿司屋にワイン」の組み合わせを毛嫌いする向きも少なくないが、人それぞれに好きなものを楽しめばいいことだ。去年の初夏、かつおの刺身と星がれいのえんがわの煮付けを'96年のニュイでやったときには単体のうまさと、複合体としての相性にテクニカルノックアウトを喫した。

　銀座という街はまさに鮨屋の宝庫。かたくなに我が道を行く「寿司仙」、「ほかけ」、「二葉鮨」。新進気鋭の「青木」、「かねさか」、「賀久」。そして押しも押されもせぬ大看板が「久兵衛」、「なか田」、「次郎」に、この「寿司幸」あたりだろう。創業130年にもなろうという老舗中の老舗が満を持して支店を開いた。ここは一番、大利根無情の平手造酒ではないが、「行かねばならぬ、そこをどいて下され、行かねばならぬのだ！」

　調子に乗ってクサくなってしまったが、とにかくとある夜、カウンターに落ち着いてみた。さっそくブル赤で穴子の肝煮。第一印象は「オヤ？」。次にひらめのえんがわ煮。今度は「アレェ？」。あきらかに本店と違う。穴子など火の通しが深すぎるし、

〈料理〉16 〈サービス〉7 〈雰囲気〉8 〈経営姿勢〉7 トータル 38

寿司

おすすめ料理
昼のふきよせちらし。夜ならお好みのにぎり。

チャームポイント
丸ビルでホンモノの江戸前鮨を本わさびで味わえるのはここ1軒のみ。

ウイークポイント
何と言っても小肌。これは銀座の本店にも言えること。

ひとこと提案
昼の予約は7000円以上のコースというのはよろしくない。ランチメニューのちらしをランチタイムに食べるのに、その予約を受けないというのは本末転倒です。

煮汁にコクとうまみがない。まずくはないが、なにせ本店がうますぎるものだから落差は歴然。続いてのかじきまぐろの砂ずりの醤油つけ焼きで、だいぶ失点を挽回したものの、少々不満を残しつつ、にぎりへと突き進む。まず小肌。やはりその場で即席に酢で〆めるやり方。当然のことながら酢はとんがったままで食べ手の舌を直撃する。200年も受け継がれている江戸前の職人仕事にはそれなりの理由というものがあるハズだ。どうしても「サッと〆め」にこだわるというのなら止めはしないが、それならばキッチリ〆めたものと両方用意すべきだろう。江戸前鮨の華、小肌をハナから諦めてノレンをくぐらにゃならぬ客の気持ちも察してほしい。赤貝とそのヒモはまずまず。子持ちのしゃこは辛うじて水準をクリア、赤身づけと中とろには合格点。しかしくどいようだが本店との開きは大きい。むしろ同じく6丁目の分家筋「寿し幸」やノレン分けの「神楽坂寿司幸」のほうがいい仕事をしている。ひとまずは開店間もない混乱期のためということにしておこう。

にぎりを楽しむならカウンターに限るが、コース料理なら窓際のテーブル席も悪くない。

入り口左手の小部屋はとても落ち着く。4人掛けのテーブル2卓のスペースながら貸し切りにしてしまえば10人は楽勝だろう。小窓があって皇居や新宿副都心、その奥は秩父連山だろうか、その稜線が美しい。「見てはいけない西空見れば、奥秩父にひと刷毛、あかね雲」アッいけね、またクサくなっちゃった。

〈主なメニュー〉
ばらちらし	3500円
にぎり竹	10000円
おまかせ粋こーす	14000円

炭火焼肉トラジ

6F
焼肉

すみびやきにく トラジ

- ●TEL　03（5220）7071
- ●OPEN　ランチ11：00〜15：00（ラストオーダー14：30）、ディナー17：00〜23：00／日祝22：00（ラストオーダー22：00／日祝21：00）
- ●席数　テーブル80席、カウンター10席

もしも時宗が焼肉を食べていれば !?

丸ビルのあとを追いかけるようにして営業を開始したカレッタ汐留。今をときめくふたつの高層ビルの両方に店舗を開いているのはここだけである（「Soup Stock TOKYO」（p.114）が両ビルの地下にある）。焼肉食べるのに何も高いところへのぼらなくてもよさそうなものだが、いまどきのヤングカップル、ヤングファミリーには絶大な人気のヤキニク店、狂牛病のトラウマもなんのその、いまや完全復活を遂げた。ご同慶の至りと言うほかはない。

　日本人の牛肉崇拝主義、あるいは重用主義は'70年代に始まったような気がする。'71年のマクドナルド日本上陸で、それ以前のホットドッグ優勢の外食界は完全にハンバーガーに取って代わられた。焼肉人気に火が点いたのも、その直後だったと思う。そしてそのあとに来る牛丼。もちろんその後の牛肉輸入自由化による価格下落が追い風となったのは周知の事実だ。追い風と言えば、鎌倉時代の元寇で、もしも神風が吹いてくれなかったとしたら、日本は蒙古に征服されていただろう。当然のことながら肉食文化に染められて、日本に一大焼肉ブームが起こっていたかもしれない。夭逝した北条時宗も骨付きカルビを食べていれば、もう少し長生きしたろうに。季節はずれの台風が時計の針を700年も遅らせてしまったことになる。

　この店のランチはかなりの充実ぶりを見せる。店頭のメニューが変化に富んでいて、行き交う客の目を引く。これは非常に大事なことで、他店の店長もメニューボードの重要性を再認識していただきたい。まだ店の情報を持たない客にとってはお見合い写真を見るようなものなのだ。ランチはいろいろ食べてみた。どの料

〈料理〉16 〈サービス〉6 〈雰囲気〉6 〈経営姿勢〉8 トータル 36

焼肉

おすすめ料理
両班御膳と冷麺セットをカップルでシェア。ものたりなければロースとハラミを追加すれば、ふたりとも満腹。

チャームポイント
アジアン・エスニックとチャイニーズが数軒ひしめくなかで、ただ1軒のコリアンは存在感あり。

ウイークポイント
モツ類をはじめマニアックな料理の欠落は、コテコテ派には食いたりなさも。

ひとこと提案
ランチは完璧。あとは夜のメニューの拡充を。ギラギラした料理に力を入れないのは、アブラっこい客には遠慮してほしいという店側のメッセージかも。

理も水準をクリアしていて外さない。ちょっと古いがV9時代の川上巨人を彷彿とさせるほどに穴がないのだ。

　焼肉御膳（1500円）は韓国風冷奴、白菜ときゅうりのキムチ、ナムルなどの副菜とカルビの焼肉、それにわかめスープとごはん。いいバランスだ。サムゲタン粥（1200円）はごはん入りの参鶏湯にだしが効いて、しかも鶏肉自体にうまみが残り、他店にありがちなダシガラになっていない。付け合わせの明太子とぜんまいがうれしいし、なにより添えられた辛味ソースが傑作で、焼肉に付けてもおいしかった。冷麺セット（1000円）は具が少なめのシンプルな冷麺にナムルの海苔巻きとキムチが付く。食欲不振や二日酔いにはもってこいだろう。

　両班御膳（3000円）は3種類のキムチ、ナムル盛り合わせ、韓国風冷奴、海老と豆腐のチョン（ピカタ）、焼肉のタン塩と特選和牛カルビ、豆もやしとほうれん草のスープにごはんの豪華版。見ているとごはんよりもビールがほしくなる景色だ。いろいろなおかずに焼き海苔付きの韓定食（1000円）、おなじみの石焼きビビンバ（1200円）、ラインナップが頼もしい。

　夜ともなれば、焼肉店らしからぬ無機質なタッチの店内で、タン塩、ロース（ともに1000円）、ハラミにカルビ（ともに1200円）が静かにあぶられている。換気が良く、着ているものに匂いが移らないし、煙りが目にしみることもない。最近は火のあるところにもケムリは立たないんですね。

〈主なメニュー〉

焼肉御膳	1500円
石焼きビビンパ	1200円
焼肉・黒ミソゲタ	1100円

6F
うどん・ダイニングバー
しばてん Ranbiki
しばてん らんびき

- TEL 03（3240）1301
- OPEN ランチ11：00～16：00（ラストオーダー15：30）、ディナー17：30～23：00（ラストオーダー22：30）
- 席数 テーブル24席、お座敷20席、カウンター7席

しばてんは河童なり！

　奇妙な店名が気になって調べてみると、しばてんは四国地方の方言で河童。らんびきというのは江戸時代に作られた蒸留器のことで、ポルトガル語のアランビックが語源だという。この店には蒸留酒の焼酎と泡盛がかなり揃っているから、らんびきのほうは何となく判るような気がする。しばてんのほうはよく判らない。清酒黄桜の広告キャラクターが、漫画家小島功の手になる河童。その連想で河童に酒好きのイメージをダブらせたのかもしれない。あるいは昼に讃岐うどん専門店としての一面を持つ店だから、単純に四国のお国言葉を店名に引用したものとも推察できる。

　店名に敬意を表して真っ先に、しばてんうどん（780円）を食べてみた。温かいうどんの上に丸いさつま揚げとほうれん草がのっている。このうどんのコシは噛もうとすると歯をスリ抜けようとするタイプでモチモチ感はない。うまみにも乏しい。つゆはそれなりだがややぬるめ、やはり熱いものは熱くしてほしい。冷たいぶっかけうどん（700円）が一番人気の様子であちこちから注文の声が掛かる。大根おろし、青ねぎにやはり決め手はすだち、讃岐（香川）のうどんと阿波（徳島）のすだちのコラボレーションの妙で、これにかき揚げ（200円）をのっけてもらう。かき揚げといっても天ぷら屋のように芝海老や小柱ではなく、中身はごぼうと人参と青唐辛子、いたって庶民的だがうどんにはこのほうがシックリくるから不思議だ。セットランチは2種類。かけうどんに日替わりごはんとサラダの温かセットが1000円。ぶっかけ、日替わりごはん、サラダ、スープの冷たいセットは1300円。ある日のごは

〈料理〉14 〈サービス〉6 〈雰囲気〉5 〈経営姿勢〉7 トータル 32

うどん・ダイニングバー

おすすめ料理
ぶっかけうどん。

ウイークポイント
目玉となる料理がなく、魅力に乏しい。ランチセットは以前のうどんとミニ丼のほうがよかった。

チャームポイント
昼夜を問わず、丸ビルでは最も気軽に使える店。

ひとこと提案
昼のうどんはより熱くおいしく、夜の料理はより幅広く質高く、努力を重ねていただきたい。

んは、いりこの煮付け、しらすと桜海老の2種からのチョイスであった。讃岐うどんブームの昨今、首都圏でもかなりの数の安くておいしいうどん屋さんがオープンしている。次第に消費者の舌も肥えてきて、そう簡単には鼓を打たなくなった。

しばてん（うどん）のあとはRanbiki（焼酎）だ。まず古丹波。奥丹波の銘柄栗・銀寄で仕込まれた栗焼酎だ。麦ではものたりないが芋ではしんどい、そんな人向け。次に兼八は子どものころに食べた麦こがしを思わせる香ばしさのはだか麦の焼酎。酒肴はかつおの酒盗（450円）、ぶたみそ（250円）、鮭ハラス焼き（880円）、それぞれに感激はないが不平も出ない。店の売り上げに協力しなくちゃと、お兄さんのおすすめにしたがってドカンと刺盛り、見よ、この太っ腹。われら3人なので適当にとお願いしたその内容は、生だこ、いか、ボタン海老、帆立、サーモン、かんぱち、中とろ、そして粉わさび。素材はそこそこで新橋の居酒屋クラス、銀座の鮨屋には遠く及ばない。値段が値段だから納得するしかない。勘定書きを見ると4800円となっていた。飲んでつまんでうどんで締めて、お一人様6000〜7000円ほど。店内はちょいと狭いが居心地は良く、小グループかカップルに向いている。男女を問わず、ひとりカウンターでのサクッと飲みにも適している。ちなみに、出会い系サイトで知り合って、まだ見ぬ人とこういう場所で待ち合わせるのを「みずてん Aibiki」という。漢字では「不見転 逢い引き」と書きます。

〈主なメニュー〉	
カレーうどん	1000円
鴨うどん	1500円
穴子の八幡蒸し	950円

6F
天ぷら
天まる
てんまる

- TEL 03（3240）6033
- OPEN ランチ11：00〜15：00、ディナー17：00〜23：00／土日祝22：00（ラストオーダー22：30／土日祝21：30）
- 席数　テーブル50席、カウンター12席

ん？ 1000円で特上天丼だってェ！？

半世紀も前に浅草海苔の名産地大森に生まれた永谷園が外食産業に勝負を賭けてきた。郊外を中心に和食・鮨のレストランをチェーン展開してきたが、天ぷら専門店「天まる」としては銀座6丁目店に続く2店目。「事業の興廃この一店にあり、各員一層奮励努力せよ」ということなのだ。

1200円の天麩羅定食は海老2本、きす、穴子、なす、ピーマン、小海老のかき揚げでけっこうなボリューム。海老の質もなかなかで緋色に輝く尻尾までポリポリ食べてしまえる。コストパフォーマンスはかなり高い。

江戸前魚河岸丼にはぶったまげた。どんぶりのフタを開けてみると、なんとそこには生ザカナのちらしがあるではないか。こちらはてっきり東京湾で揚がった穴子、きす、めごちに、運が良ければはぜなんぞが仲良く盛り込まれた天丼を期待してたものだから、その強烈な肩透かしに、あわれ黒房下まで転がり落ちた。どうりでどんぶりを手にしたときに冷たかったわけだ。気を取り直して味わってみると、これがなかなか上デキ。真鯛、かんぱち、たこ、まぐろの赤身と中落ち、とても良質であった。ただし人造イクラとニセわさびはいただけない。イクラなど箸の先っちょで転がしてやると、中の空気が必ず粒の上側に浮き上がってくるもんね。おっと、食べものを粗末にしちゃいけない。とにかく早いとこ改善すべし。全体のボリューム感も天麩羅定食に比べたらだいぶ見劣りする。若いビジネスマンにはものたりなさが残るだろう。フロアのサービス係とカウンターの職人さんの愛想が良く、テキパキとした仕事ぶりにも好感が持てる。

〈料理〉14 〈サービス〉8 〈雰囲気〉6 〈経営姿勢〉4 トータル 32

天ぷら

おすすめ料理
天麩羅定食。単品のピーマンの牡蠣詰め（冬期のみ）。

チャームポイント
一生懸命のスタッフによる親切なサービス。

ウイークポイント
コスト重視の客を欺く商法。これは現場に罪はなく、マネージメントの問題。

ひとこと提案
単価を上げてでも本物の食材を使うべし。

　夜のメニューを開いてみると、天麩羅コースは2000〜5000円の3種類、酒肴としては厚焼き玉子、沖膾（おきなます＝鯵叩き薬味まぶし）、すき煮風肉じゃがなどが並んでいるけど、特選牛ステーキはやり過ぎだろう。日替わり定食で食べたハンバーグ同様、天ぷら屋にはまずなじまない。少なくとも一流どころは決してメニューに載せないハズだ。

　大満足の第一回目だったのだが残念ながら二度目で暗転。今度は1000円の特上天丼にトライ。海老2本、きす、ピーマンに小海老のかき揚げ。前回と同様に、ふのりの味噌椀にきゅうりと白菜の新香が付いた。あちこちの店でおざなりの豆腐やわかめの味噌汁にヘコまされてきたから、ふのりはうれしい。「永谷園は日夜、海藻とともに歩んでいます」そんな感じが伝わってくるのもいい。ところが2匹の海老天が言葉を失うほどにひどかった。ボブ・サップの親指ほどの天ぷらゴロモの中には菊川怜の小指ほどの小えびちゃん。思わず目を疑ったね。定食の海老とは全くの別物。特上は特下のミスプリじゃあないんでしょうか。食べるほうもミジメだが、揚げるほうだって悲しかろうに。たとえ子会社のサンフレックスの直営といえども、こんな仕事を続けていたら客にソッポを向かれて、本業のお茶漬け海苔の売り上げにも悪影響を及ぼしそうだ。

　ん、何だって？　たった1000円で特上天丼？　そんなウマいハナシが……あるワケは……なかったよ。

〈主なメニュー〉	
上天麩羅定食	1800円
名物・江戸前穴子丼	1500円
夜のコースいなせ	3500円

6F とんかつ
かつ玄
かつげん

- TEL 03（5220）3731
- OPEN 11：00〜23：00／日祝22：00（ラストオーダー22：00／日祝21：00）
- 席数 テーブル46席、カウンター8席

並ロースにも波の花を！

20 数年前になろうか、日劇（現在のマリオン）前から新橋方面に抜けてゆく地下アーケードに今もある「とんかつ和幸」に初めて入った。食べたのはロースカツ。評価はフツーだったので、それ以来和幸グループのノレンをくぐることはなかった。

　丸ビルのこの店を訪れたときの印象はしばらく会わなかった親戚の子どもに再会したときの、あのカンジ。「ちょっと見ないあいだにこんなに大きく立派になっちゃってぇ」—　なのである。新築ピカピカのビルだから外見・内装はもちろんのこと、とんかつ自体も成長を遂げていた。もっともこの「かつ玄」は「とんかつ和幸」よりもグループ内でワンランク上のプレミアム・ショップなのだろう。熟ロースかつ膳を注文。プラス100円でみぞれ大根（単なる大根おろし）もお願いする。沖縄産黒豚のロースが6切れにカットされて登場。ヒマラヤの塩と大葉玄米塩が添えられる。2種類の塩でひと切れずつ。うまい。脂身が甘い。スジ切りも丁寧だ。卓上にはビニ袋入りの洋がらしと粒マスタードが。これを安っぽいと言うなかれ、味気ないかもしれないが、出前や弁当ではいつもお世話になってるんだし、第一このほうが清潔だ。この2種類のマスタードでまたひと切れずつ。続いて軽く醤油をたらしてひと切れ。最後にいちばんはしっこのしつっこいヤツをスパイシーなとんかつソースで。副菜も充実していて、せりと油揚げの煮びたし、湯葉と豆どんこと絹さやの炊き合わせ、ふた鉢付いた。それに豆腐となめこの赤だしに無着色のしば漬け。ちょっとおかずが多すぎてごはんを食べすぎてしまうのが玉にキズだが、満足感の残るいいランチであった。久しくとんかつを食べて

〈料理〉16　〈サービス〉7　〈雰囲気〉6　〈経営姿勢〉7　トータル 36

とんかつ

おすすめ料理
ロースかつ膳。

ウイークポイント
メニューの幅が狭く、リピーターには不向き。

チャームポイント
どの膳もバランス感覚に優れ、充実感あり。

ひとこと提案
ポークソテー、メンチカツ、かきフライ、かにコロッケなど徐々にメニューが増えたらうれしい。

いなかったので、誤った過大評価してはならじと、じつはこの前日に水道橋の「かつ吉」でロースかつ定食の予行演習を済ませておいた。この店も負けず劣らず副菜が豪華絢爛。キャベツともやしの鉄板焼き、木鉢のサラダ、白菜ときゅうりのキムチに野沢菜が目白押し。2日続けて食べ比べた結果、かつも副菜も「かつ玄」に軍配を上げたい。

　後日、今度は三種盛り合わせ膳。ひれかつ、えびフライ、銘柄鶏梅しそ巻きの盛り合わせに茶碗蒸しと例の小鉢。ひれかつはジューシー、えびフライはプリプリ、鶏は胸肉に火が通りすぎて、ややパサついた。小海老、鶏肉、しいたけ、銀杏の入った茶碗蒸しはなめらかな仕上がりで味もけっこう、一流日本料理店クラスの出来映えであった。

　三度目は並のロースかつ膳を。サービスの女性に訊ねれば、肉の目方と脂のノリが少なくなるだけで、同じ沖縄の黒豚を使用しているとのこと、迷わず注文した。やや小ぶりだが確かなうまみを感じたし、大食漢でなければポーション的にもこのほうがお腹の納まりがいい。今回もソースや醤油のお世話になることはほとんどなかった。しかし残念なことに熟ロースかつには添えてくれた2種類の塩がない。並ロースだからと塩くらいケチらなくてもねぇ、塩のことを並（波）の花って言うでしょうに。古くは水戸泉、今なら高見盛を見習ってほしい。もっともあんなに出されても往生しますね。

〈主なメニュー〉	
ロースかつ膳	1600円
三種盛り合わせ膳	2000円
琉球豚の味噌焼き	800円

6F 魚河岸料理
青ゆず 寅
あおゆず とら

- TEL　03（3240）5790
- OPEN　ランチ11：00〜14：30／日祝15：30、ディナー17：00〜23：00／日祝22：00（ラストオーダー22：00／日祝21：00）
- 席数　テーブル45席、個室3室

サカナは量より質でっせ！

　6階のはずれにポツンとある。全50店中最も孤立したロケーションだ。ランチのボリュームが並大抵ではない。麦とろ定食（自然薯にさば味噌煮が付く）、どさん子定食（銀鮭と生たら子に三平汁）、刺身定食（まぐろ赤身、かんぱち、甘海老、いくら）、ぶり照焼き、銀だら西京焼き、太刀魚塩焼き、みな1400円。大きめに薄く切った真鯛が6切れついた鯛茶漬けは1200円。開店以来の一番人気は銀だらだ。どの定食も内容の濃さから決して高くはない。かなり食の太い人でも満足すること請け合い。難を言えば大味の青背のサカナが多く、白身魚を好む人はお手上げだろう。あこう鯛や甘鯛とは言わぬまでも、せめて子持ちがれいの煮付け、赤魚の粕漬けといった安価でポピュラーな献立でも組み込んでほしいところだ。ついでにメニューボードの稚拙な文字とセンスのないサンプルの陳列はどうにかならないものか。魚河岸料理を謳っていても築地のレベルには遠く及ばない。

　夜は夜でサカナ好きには格好の居酒屋となるが、問題点がふたつ。まずサカナを使わぬ料理がほとんど無い。枝豆やきんぴらといった飲み屋の定番が見当たらないのだ。かろうじて青菜の煮浸しと、たらの芽の天ぷらがあるくらい。そしてどの料理もポーションが大きく、いかにもグループ客仕様で、ひとり静かに手酌で杯を重ねる、いわば美空ひばりの「悲しい酒」的な飲み方はインポッシブルなのだ。この商法、ちょいと乱暴に過ぎやしませんか。

　突き出しに、なにやら川海老の酒煮みたいなモノが出たので、おネエさんに、

　「これ何ですか？」と訊ねると、「エビです、エビ！」

〈料理〉14 〈サービス〉4 〈雰囲気〉4 〈経営姿勢〉6 トータル 28

おすすめ料理
鯛かぶとの煮付け、あるいは塩焼き。

ウイークポイント
すべてにおいてデリカシーが欠如している。

チャームポイント
チマチマせずにドーンと来るサカナたち。ただし、デリケートな客にはウイークポイントにもなりうる両刃の剣。

ひとこと提案
スタッフを統率してフロア全体を取り仕切るプロフェッショナルを配置すべし。

魚河岸料理

「ハァ？」少々ムッとしたところに、「タダのエビです！」とかぶせられた。
　半分キレて「子どもが見たってエビってことは判るよ、何のエビなの？」
　「ちょっと判りません！」彼女その場に立ちつくす。
　「それじゃ板前さんに聞いてきてくれる？」おい、おい、ここまで言わせるかい。
　数分後、「ザコエビって言うんですって！」
　終始こんな感じでその夜は更けていった。5000円の舟盛り（中）にはまぐろ赤身、ぶり、いわし、白魚、しゃこ、帆立、生ざこ海老などが満載。どのサカナも新鮮で質も悪くない。ただしわさびはニセモノでガッカリ、自慢の刺身もこれでは台無しだ。手にしたときにちょっと軽くて心配した毛蟹は味噌にこそコクが足りないものの身肉はピシッと入っていたし、真鯛のかぶと煮もしゃぶりつくすほどに楽しんだ。フトコロ具合の温かい向きにはふぐ刺しやきんきの煮付けがその注文を待っている。
　どうにも情けなかったのが焼酎のオンザロック。デカいグラスにデカ氷、そこまでは良かったが、注がれていたのは雀の涙ほどの芋焼酎。あまりの情けなさに雀ならぬ自分の涙がこぼれそうになった。こんなところでケチってみても、たいしたコスト削減にもなるまいに。豪気な焼き魚としみったれた焼酎のミスマッチ。客にしてみれば、まさに「禍福はあざなえる縄の如し」である。

〈主なメニュー〉
銀だら西京焼き定食	1400円
しまあじ刺身	1500円
毛がに	4800円

6F
日本蕎麦

鎌倉一茶庵 丸山

かまくらいっさあん まるやま

- ●TEL　03（3201）0755
- ●OPEN　ランチ11：00〜15：30、ディナー17：00〜23：00（ラストオーダー22：00）
- ●席数　テーブル42席、カウンター6席

どうしてわさびに無頓着？

新 生丸ビルにたった1軒、やっとこさ残った日本そばの店。アジアン・エスニックだらけのビルにあってホッとなごめる貴重な憩いの場所である。鎌倉は鶴岡八幡宮のすぐそばの本店は古都にふさわしいたたずまいを見せている。

　せいろ（800円）は中太打ちでコシが強いが香りイマイチ。薬味はさらしねぎにニセわさび、これだけで店の品格は落ちてしまう。つゆは酒精を感じさせるようなインパクトがあって好きなタイプだ。三色天盛り（2100円）は田舎そばに、茶切りとけし切りの変わりそば2種、それに海老、いか、しし唐の天ぷらが付く。夜は天ぷらが5種に増えて2500円となる。田舎は粉っぽさが舌に残ってコシに欠け、あまり好きなタイプではない。茶切りだけが色鮮やかな中細打ち、これは個性的でおいしかった。香ばしいけし切りにも合格点を付けたい。

　かけ（800円）はそばよりもつゆがすばらしい。サラリとしたやさしいうまみがあとを引き、どんぶりを抱えて飲み干してしまったくらいで、あと口もさわやか。ニセわさびの悪影響を受けないメリットもあって、この店では温かい種ものをすすめたい。通常せいろのそばを使うが、お好みで田舎そばを選ぶことも可能だ。

　2週間も経つと、また食べたくなって今度は鴨南蛮（1700円）を。どんぶりには堂々の鴨ロース肉の厚切りが4枚だ。つゆは前回同様に文句なし。鴨肉の匂いがちょっと野生味にあふれすぎて、やはりシンプルなかけにすればよかったかなと、未練たらたら。オマケにねぎの切り方がこまかく絶対量もたりない。南蛮というのはねぎのことだから、かりそめにも南蛮を名乗るのならば、ね

〈料理〉15 〈サービス〉7 〈雰囲気〉7 〈経営姿勢〉6 トータル 35

おすすめ料理
かけ。天ぷらそば。冷やものなら、わさびを使わぬ柚子切り（冬期のみ）。

チャームポイント
明るく清潔な店内で飲み干すかけつゆのうまさよ。

ウイークポイント
せいろに比べて田舎そばが見劣り。完成度高める余地あり。

ひとこと提案
一日も早く本わさびに切り替えるべし。そばに愛情を注ぐ職人がニセわさびなど使えないハズだ。わさびの違いが判らないなら職業を変えたほうがいい。

ぎにも鴨と同等の存在感を与えてほしいものだ。

夜は小上がりに陣取って、ライトアップされた東京駅でも眺めながら、神亀、越乃景虎あたりの冷酒を楽しむのも悪くない。合いの手には焼き海苔、そば味噌、鳥わさのそば屋の定番がみな500円とお手頃。床ぶしとさざえの含め煮（800円）など小ジャレた一品も品書きの片隅を飾る。

ライバルと呼んでいいのかどうか、ほぼ時を同じくして「九段一茶庵」がカレッタ汐留に支店を開いた。食べ比べの意味合いもあって出掛けてみたが、三色天盛り、ぶっかけなど共通するメニューが多い。いただいたのは五色天盛り（3000円）で、そばは、せいろ、白雪、けし切り、伊予柑切り、田舎、それに才巻き海老2尾、こごみ、ふきのとう、かぼちゃ、さつま芋の天ぷらが付く。せいろは双方互角、けし切りは「九段」のほうが香り高さで一枚上、田舎と天ぷらもしかりであった。鮮烈だったのは伊予柑切りで、蜜柑色の果皮が目にも美しい。つゆは互角で、わさびはどちらもニセものでダメ。後日、鴨団子入りのつくねそば（1500円）を試したが、かけつゆは「鎌倉」の勝ちであった。

一茶庵系といえば、もう一店「目黒一茶庵」の名が浮かぶ。どうしたことかここもニセわさび、そばがいいのにもったいない。

「鎌倉」、「九段」、「目黒」の一茶庵3軒、そば好きの黒澤明が生きていたら、「ニセわさ砦の三悪店」と名付けたに違いない。

〈主なメニュー〉	
せいろ、かけ	各 800円
柚子切り	1400円
蒸し鳥の琥珀そば	1500円

6F 日本料理・天ぷら
魚新 UOSHIN
うおしん

- ●TEL　03（5219）4701
- ●OPEN　ランチ11：00～15：00（ラストオーダー14：00）、ディナー17：00～23：00／日祝22：00（ラストオーダー22：00／土日祝21：00）
- ●席数　テーブル28席、カウンター13席、個室1室

天ばらは早いもの勝ち

　六本木の「天ぷら魚新」は大好きな店なのだ。海老に小かき揚げにれんこん、しいたけ、グリーンアスパラの入った特製天丼（1700円）もいいのだが、難点はベタッと甘い丼つゆ。お目当てはよそではあまり見かけない天ばら（1800円）で、塩で食べるかき揚げ丼だ。小柱入りのかき揚げをどんぶりの中でバラし、ごはんと混ぜ合わせたところに、塩をパラパラっと振り入れて、あとは一気呵成に。ここで天ばらのおいしさを覚えてからはあちこちの店で「アッ、かき揚げ丼のかき揚げ、丼つゆくぐらせないでください！」とやるたびにイヤな顔をされている。ただ、あまりカッチリ揚げられるとごはんになじまない。

　もともとは赤坂の古いサカナ屋さん。開業は明治中期で、日清戦争の頃にはすでに繁盛していたというからスゴい。現在は割烹「ととや魚新」となって、六本木が2軒目、丸ビルが3軒目というわけだ。

　丸ビル店の品書きを見ると、料理の構成が赤坂と六本木のいいとこどりの感がある。昼の刺身定食（1800円）の内容はひらめ、かんぱち、まぐろ赤身、帆立であった。さすがにサカナ屋さん、どの素材もきわめて質が高い。惜しむらくはニセわさび、このあたり100年以上もサカナを扱ってきた老舗としてはあまりの振る舞いで、ひらめもまぐろもあの世で泣いている。残念でならない。とてもおいしかったのが穴子天丼（1200円）。めそっ子と呼ばれる若い穴子が2本、どんぶりの上で輝いている。それにしし唐がふたつ。おそらく東京湾の野島か金沢八景あたりで揚がったものだろう、江戸前の穴子は香りがさわやかだ。仕事のほうもいかにも

〈料理〉15 〈サービス〉7 〈雰囲気〉7 〈経営姿勢〉7 トータル 36

日本料理・天ぷら

おすすめ料理
天ばら（15食限定）、穴子天丼。

ウイークポイント
夜のアラカルト。あまりにもムラのある料理の数々。

チャームポイント
いずれもおいしいバラエティに富んだランチメニュー。

ひとこと提案
店の前の品書きにインパクトがない。コンセプトが伝わらないと客は入ってくれない。あとは本わさびを使うこと。

　江戸前、ザックリ粗めのコロモをキッチリ揚げ切り、甘辛濃いくちの丼つゆにくぐらす。ごまとコーンをブレンドした揚げ油は天ぷらにとって理想的な組み合わせで、その香ばしさが鼻腔を刺激する。目鯛の照焼き、さば味噌煮、めかじきの煮付け、鯛茶漬け、ランチメニューは実に充実している。いっときメニューから外されていた天ばらも、5月から復活した。13時までの限定15食。「限定」という殺し文句で女心を惑わそうというのではなく、塩で食べるのだから揚げ油のキレイなうちにという職人気質だ。

　夜に再訪してビックラこいた。天ぷらが別物になっていたのだ。酒の肴に、わかさぎ、かき、たら白子を揚げてもらったのだが、天ぷらというよりフリッター、これにはガッカリ。本わさびがないのは承知のうえだから、かわはぎ（2000円）を注文してポン酢と肝醤油でやる。珍しさに魅かれて、ひげだらの昆布〆め（1500円）も頼んではみたものの、これはさすがにわさびがないとどうにもならない。真鯛頭のちり蒸し（1500円）は酒精分が残ってしまって失敗作。これはフィギュアスケートの本田武史の尻もちに匹敵するほどの減点材料。「ととや魚新」との落差はかなり大きい。気を取り直して、稲庭うどんを平たくしたような氷見うどん（700円）で締める。夜のコースは3800円より。

　焼酎の品揃えはすばらしいものがあり、特に大分の麦焼酎、兼八は一飲をおすすめする。麦は麦でもはだか麦の焼酎だ。Try it ! You will like it !

〈主なメニュー〉	
鯛茶漬け	1400円
めぬき味噌漬け定食	1200円
天ばら	1700円

6F 焼き鳥・鶏料理
東京今井屋 本店
とうきょういまいや ほんてん

- TEL 03（5208）1717
- OPEN ランチ11：00～14：00（ラストオーダー13：30）、ディナー16：00～24：00（ラストオーダー23：00）／日祝11：00～24：00（ラストオーダー23：00）
- 席数 テーブル46席、カウンター10席

モツ食わずして、何の焼き鳥!?

東京都内に約10軒ほどチェーン展開していて、どの店も「今井屋本店」を名乗る。四ッ谷にあれば「四ッ谷今井屋本店」、ここは東京駅の真ん前だから「東京今井屋本店」。阿佐ヶ谷店など、数寄屋橋の「次郎」の隣りに移転した「バードランド」の跡地で営業している。総元締めは「えびす今井屋総本店」。「総」か、その手があったか。使用する食材は秋田の比内地鶏中心で、食味の良さでは数ある焼き鳥チェーンとは一線を画す。

さてメインメニューを開く前に、ここでは「究極の珍味」なるメニューに目を通すべし。

1弾から7弾まであるので紹介してみると、①背肝 ②つなぎ（ハツとレバーを繋ぐ管）③胆のう ④ブレイン（脳味噌の刺身）⑤ソリレス（モモの付け根の丸い小肉）⑥へそ（砂肝の耳の部分）⑦えんがわ（横隔膜のことで牛で言うハラミ）。そうそうたるラインナップじゃありませんか。モツが苦手な人には見るのもイヤなメニューなれど、モツ好きにはたまりません。食味はいいし栄養価も高い。百獣の王ライオンだって倒した獲物はまず内臓から食べ始めるくらいだ。珍味なるがゆえに数に限りがある、在庫のあるものは片っ端から注文しちゃおう。

「究極」の注文を終えたあとで「定番」に取り掛かる。ねぎま、手羽先、レバー（血肝）、白レバー（脂肝）などそれぞれにうまみじゅうぶん。弾力のネック（別名せせり＝首肉）、まろやかさのきんかん（体内の未成熟な卵黄）はぜひ試していただきたい。

この店に来て焼き鳥のほかに食べなきゃいけない、いわゆる必食科目はただひとつ、刺身盛り合わせである。刺身といってもタ

〈料理〉16 〈サービス〉5 〈雰囲気〉5 〈経営姿勢〉7 トータル 33

焼き鳥・鶏料理

おすすめ料理
昼の比内地鶏新鮮刺身定食。夜はモツ類の焼き鳥。

ウイークポイント
3人で出掛け、全員親子丼を頼んだにもかかわらず、5分ずつの時間差で出てくるのはナーゼ？

チャームポイント
フード＆ドリンクメニューの半端じゃないヴァリエーション。

ひとこと提案
昼と夜との落差を埋めること。昼のサービスはトンチンカン極まりない。

イやヒラメの舞踊りではなくすべて鶏肉。朝挽きの新鮮なささみ、胸肉、砂肝、白レバーが盛り込まれ、これらが焼酎と絶妙の相性をみせる。鮨にお茶、おでんに日本酒、鶏には焼酎でキマリだろう。芋派は富乃宝山、米派なら鴨あそびでいこう。そして何よりもうれしいのが小ぶりながらも丸々1本の本わさび、そいつが鮫皮のおろしとともにやって来る。料理人が食材に注ぐ愛情の証しである。

お隣りの「魚新」さん、そのまた奥の「青ゆず」さん、粉わさびと一緒に食われたんじゃあ、自慢のサカナも成仏できっこないッスよ、見習ってください。

ランチタイムは親子丼（1000円）と焼鳥丼（1500円）が人気を二分しているが、夜に比べるとだいぶ見劣りする。鶏カツ定食（1500円）なんか同じフロアの「かつ玄」のロースカツのほうがずっといい。小鉢や新香もいかにもおざなり。極言すれば、夜がジキル博士で昼はハイド氏。それでも昼の比内地鶏の新鮮刺身定食（2000円）は本わさ、芽ねぎ、穂じそ、むらめ、みょうがの脇役陣とともにすばらしい。

驚嘆すべきはドリンクメニュー。ありとあらゆる酒が揃う。ソフトドリンクにも手を抜かず、甘口・辛口両方揃ったジンジャーエールにラムネまで網羅する。不思議なのは数種類あるビールがすべてキリンの商品。キリンとの癒着、三菱地所への気兼ね、イジワルく勘ぐりたくもなりますよ。

〈主なメニュー〉	
焼鳥丼	1500円
比内地鶏の新鮮刺身定食	2000円
夜の焼き鳥1本（ねぎ～背肝）	180-800円

博多麺房 赤のれん

6F
ラーメン

はかためんぼう あかのれん

- ●TEL　03（3201）4775
- ●OPEN　11：00〜23：00／日祝22：00（ラストオーダー22：30／日祝21：30）
- ●席数　テーブル44席、カウンター10席

餃子が空を飛んで来る！

戦前から博多で営業していたラーメン店「元祖赤のれん」。そのノレン分けが西麻布の交差点近くで明け方まで開けている「赤のれん」。ここはその初めての支店となる。都心でチェーン展開している「福のれん」と比較されたり、混同されたりしているが、個人的には豚ゲンコツのクセがスープに出ていないぶん、こちらのほうが好きだ。やや平打ちの細麺はほどよいコシでまろやかスープによくなじむ。ラーメン（750円）の具は薄切りのもも肉チャーシュー2枚にシナチクと万能ねぎ。細くさかれた硬めのシナチクの歯応えと舌ざわりが良く、味付け、香りとも申し分ない。チャーシューメンは1000円で、替え玉、味玉はともに150円。ランチタイムはラーメンに自家製水餃子・高菜ごはん・豆乳かんの付くラーメンセット（1000円）の人気が高い。水餃子の評判も上々で、これだけを食べに来る客も少なくない。テルテル坊主みたいなのが10個で600円。なかなかにおいしい。

　夜の楽しみは何と言っても、17時からの博多宝雲亭焼餃子（これも10個で600円）。こいつはもっとうまい。なにせ博多は中洲の錦小路の名店「宝雲亭」から具を空輸してもらっているのだ。餃子が空を飛ぶ時代になったのだ、人類も宇宙に挑戦し続けなけりゃいけない。地元では九州一口餃子と呼んでいて、パクリとやったとたん、ジュワリとうまみがひろがって、合挽き肉（ほとんど豚挽きだと思う）と玉ねぎの甘みがそのあとを追いかける。赤柚子こしょうがいいアクセント。マチャアキの「発掘！あるある大事典」で見たのだが、餃子にはその土地土地で好まれる食感があって、東京はプリッ、大阪はパリッ、福岡はカリッ、なんだそう

〈料理〉15 〈サービス〉4 〈雰囲気〉5 〈経営姿勢〉6 トータル 30

おすすめ料理
博多宝雲亭焼餃子。

チャームポイント
割安感のあるランチセット、夜の焼酎と手ごろな酒肴は庶民の味方。

ウイークポイント
客商売を理解していないマネージメントと洗練度ゼロのフロアスタッフ。

ひとこと提案
もうちょっとメニューの選択肢を広げるべし。博多名物・屋台の味など、検討の余地あり。

ラーメン・餃子

だ。そう言われればこいつはまさしく「カリッ」だね。これをひと皿、キリンのクラシックラガーでやっつけたら、ちょっと高いが鹿児島は徳永屋のさつま揚げ（3本で1000円）に行く。珍魚エソのすり身で作ったホンモノの味。このエソというサカナ、味はいいのに小骨が多くて嫌われる。ボコボコにされる前にカマボコとなって花実を咲かせたワケあり魚なのだ。それにきゅうりとかぶの自家製浅漬け（400円）でも注文しといて、薩摩酒造のさつま白波・明治の焼酎に切り替える。明治時代の製法、伝承どんぶ仕込みによって作られた、1杯800円のこの芋焼酎、ロックグラスになみなみと注いでくれて、うれしいかぎり。でも調子に乗って飲みすぎると、明治は遠くなりに……もとい、記憶は遠くなりにけり、てなことになる。

　年が明けて1月3日。まだおトソ気分の真っ只中に、開店直後のカウンターでミニラーメン（600円）と水餃子を食べていると、隣り近所がやたらに騒々しい。飛び交う言葉はこの国のモノではない。なっ、なんと中国人のウェイトレスが団体で食事の真っ最中、それもA班・B班の二交代制で。これはあんまりでしょ！　店の片隅でひとりずつ、つつましやかに、というのならいざしらず、客と一緒になって従業員がワイワイガヤガヤと食事をする店を生まれて初めて見た。彼女たちに罪はなく、社長だか店長だかは存ぜぬが、マネージメントの大失態だ。もっとマジメにケジメをつけなさいっ！

〈主なメニュー〉	
チャーシューメン	1000円
徳永屋のさつま揚げ	1000円
明太子ごはん	450円

6F
銀シャリと炭火焼き
一夜一夜
いちやいちゃ

- TEL 03（5293）1818
- OPEN ランチ11：00〜14：30／土日祝15：00（ラストオーダー14：00／土日祝14：30）、ディナー17：00〜23：00／日祝22：00（ラストオーダー22：30／日祝21：30）
- 席数　テーブル36席、カウンター14席

銀シャリ師の炊くごはんとは？

銀シャリと炭火焼きがウリ。というかそれしかない。あとは味噌汁と焼き海苔とお新香くらいのものだ。ボクの場合、鮨屋でもシャリ、ガリ、アガリという符牒は使いたくないほうだから、銀シャリという言葉にはかなりの抵抗がある。「シャバに出たら腹いっぱい銀シャリが食いてぇな」── ヤクザっぽくてカタギ衆が使う言葉ではないような気がする。

　昼の銀シャリ定食（880円）は日替わりの一夜干しにごはん。おり良くさんまやいわしにあたるとごはんがすすむ。かすご（真鯛の幼魚）などは味が良くとも小さすぎて、ものたりないし食べにくいしで、ストレスがたまってしまう。一夜一夜定食（2500円）はかなりの豪華版。柳かれい、あいなめ、かます、鮭ハラス、ノルウェー産ししゃも（正直にスジ素性を明記するところがエラい）に、しいたけ、ししとう、さつま芋が付いてきた。昼は主に兵庫の蛇紋岩米（じゃもんがんまい）を炊いていて、そのおいしさたるやハンパではない。噛むほどに甘みがひろがり、喜んだ舌が口中を駆けめぐる。さすが専門の銀シャリ師をかかえているだけのことはあった。無条件で「おかわり！」──ところが2膳目は水っぽいうえにメンコ（地方によってはガンダ）ときた。どうやらシャリ師がしくじったようだ。ここは「弘法、筆のあやまり」ということにして矛をおさめておく。

　夜は酒があればメシは要らないという人は少なくない。ところが居酒屋風の雰囲気とはうらはらにこの店のごはんは必食科目、必ず注文しなければいけないのだ。しかも最初に一夜干しを注文するのと同時に。客が炊き上がりの時間を指定して、店がそこか

〈料理〉16 〈サービス〉6 〈雰囲気〉4 〈経営姿勢〉6 トータル 32

炊き立てごはんと炭火焼き

おすすめ料理
一夜干しのまながつおと豊後さば。蛇紋岩米、越後下関米、どちらのお米もすばらしい。

チャームポイント
何と言っても丸ビルで、いやひょっとしたら丸の内でいちばんおいしいと思われるごはん。

ウイークポイント
帰宅後のシャワー、出勤前のクリーニング屋が必要不可欠に。

ひとこと提案
換気に尽きる。不可能かもしれないが、無煙ロースターに切り替えるべし。そのうち隣近所の店からも苦情が出るのでは。

ら時間を逆算して小釜で炊き始めるという寸法だ。夜は前記の蛇紋岩米のほかに、新潟産の越後下関（しもぜき）米が加わる。こちらの持ち味はキレ味。シンプルで淡白なうまさが舌を刺す。甲乙つけ難いがボクはこちらのほうが好み。酒を飲まぬ人には蛇紋、飲んだあとなら下関がおすすめ。21時が過ぎると始まるお茶漬けにも下関がいいだろう。どちらも味噌汁、明石海苔、季節のあしらい、お新香とのセットで1050円。

　さてさて、とある夜、珍しいサカナを中心に産地も日本各地に散らばるようにして注文した。まながつお（720円）、黒めばる（1100円）、こしょう鯛（850円）、はりいか（950円）、ほうぼう（680円）、うなぎスモーク（1150円）などなど。それに白ねぎ、こんにゃく、厚揚げの脇役陣を追加。脂の軽いものから焼き上げては身をほぐし骨までしゃぶるが、小型のサカナには悪戦苦闘を余儀なくされる。他の料理はないから店内すべて炭火焼き一色で煙りがモウモウ、部屋の中でバーベキューといった有り様だ。酒は純米吟醸の一夜一夜、麦焼酎の閻魔（えんま）、芋焼酎は伊佐美がキレてて、これも同名の一夜一夜、予想に反していい焼酎だった。仕上げには泡盛の瑞泉。

　そろそろごはんが炊き上がる。その前に店外のトイレへ。用を足しながら気が付いた。着ているものがやたらにサカナ臭いのだ。換気の悪い焼肉屋ではよくあるケース、あれのおサカナ・バージョン。翌朝はクリーニング屋に立ち寄ってから出勤しました。

〈主なメニュー〉
昼の銀シャリ定食　　880円
夜の銀シャリセット
　　　　　　　　　1050円
黒めばる一夜干し　1100円

6F 和食ダイニング
旬菜美酒 ななは
しゅんさいびしゅ ななは

- ●TEL　03（3240）1020
- ●OPEN　ランチ11：00〜15：00（ラストオーダー14：30）、ディナー17：00〜23：00／日祝22：00（ラストオーダー22：00／日祝21：00）
- ●席数　テーブル140席、カウンター10席

野菜の偉大さを再認識

　ビヤホールチェーンのニュートーキョーの経営だけあって、さすがに生ビールがうまい。注ぎ方ひとつを取っても、新興居酒屋チェーンのそれとは比べものにならない。きめこまかい泡の下の琥珀色の液体に、勇んだノドがグビグビグビと鳴りやまぬ。「乾杯！」と一気にあおっても、ぶ厚い泡にはばまれてひと口目ではビールに到達しなかったという経験は誰もがお持ちだろう。あれって不快ですよね。その点この店は安心です。

　「ビールの泡はビールの風味を逃がさぬためにも必要不可欠のものです」なんてマジメな顔して言われると、「フンだ、風味が逃げる前に飲み干してるわい！」と心の中で叫ぶ自分がいる。第一あんなに泡を立てたらガスが抜けてしまい、文字通り間の抜けた気抜けビールになってしまう。

　和食中心のビヤレストランだろうと、あまり期待もせずに気の合った仲間と週末の夜に出掛けた。かなりいろいろなものを飲み食いしたので、そのすべてを列挙しながら評価してみる。表の見方は以下の通り。

　◎－とてもおいしい　○－おいしい　△－まあまあ　×－やめとこ

★ ドリンク
　サッポロ生中 ¥560－ ◎　すだちサワー ¥520－ ○
　オレンジサワー ¥540－ △　梅しそカクテル ¥520 － ×
　天の刻印（麦焼酎）¥500 － ○　那由多の刻（そば焼酎）¥550－ ○
　天下一（黒糖焼酎）¥550 － ◎　鳥飼（米焼酎）¥750－ ◎

〈料理〉16 〈サービス〉7 〈雰囲気〉7 〈経営姿勢〉8 トータル 38

和食ダイニング

おすすめ料理
いわい鶏の海塩焼き青唐味噌添えと、米焼酎鳥飼のコンビネーション。鳥をもって鶏を制する。

チャームポイント
野菜料理の新分野を見事に開拓した。若い女性だけでなく、オヤジ族もぜひ行きましょう、ただし彼女たちのジャマにならないように。

ウイークポイント
五穀米と野彩汁膳、五宝かやく蒸しずしなどのランチが弱い、健康的だが料理としての完成度が低く、おいしさを感じられなかった。

ひとこと提案
ランチメニューの改善と、粉わさびから本わさびへ。

★ フード
　サーモンマリネと千枚漬け（お通し）¥350 － ○
　ばくらい ¥600 － ◎　ちりめんこんにゃく ¥500 － ◎
　桜海老入りきんぴら ¥450 － ○
　青菜と京湯葉のひたし ¥500 － ○
　とらふぐの唐揚げ ¥1500 － △
　穴子と豆腐の柳川風 ¥880 　 － ○
　平目のチーズ春巻き ¥900 － ◎
　自家製七葉漬け ¥550 － ○
　いわい鶏の海塩焼き青唐味噌添え ¥880 － ◎
　とらふぐのサラダ仕立てななは風 ¥1800 － △
　特製牛ロースの網焼き山葵添え ¥1300 － △
　揚げ玉入り明太子巻き ¥800 － △
　黒ごまわらび餅 ¥450 － △

総じて期待を大幅に上回った。野菜をタップリとおいしく食べさせてくれる店はとても貴重である。平打ちのパスタのようなちりめんこんにゃくなど、味もさることながら、便秘でお悩みの方の強い味方になるハズだ。お願いはやはり刺身には本わさびを添えてほしい。牛ロースの網焼きしかりで、粉わさびならいらないし、ステーキにはわさびより粒マスタードやホースラディッシュのほうがはるかに良い相性を見せてくれる。

〈主なメニュー〉
五穀米と野彩汁膳　1100円
特選まぐろ刺身膳　2400円
ちりめんこんにゃく　500円

6F
寿司
沼津 魚がし鮨
ぬまづ うおがしずし

- TEL　03（5220）5550
- OPEN　11:00〜23:00／日祝22:00（ラストオーダー22:30／日祝21:30）
- 席数　テーブル40席、カウンター23席

駿河湾の深海魚たち

静岡県東部を中心にチェーン展開する「沼津 魚がし鮨」の東京進出第1号店。御殿場のプレミアムアウトレットにも出店している。回転ずしやスーパー内のお持ち帰り専門店が主体で、最近は豚肉料理の店まで手掛け始めた。

　大きなすしダネをウリにして攻めてくるタイプの鮨屋ではいい思いをしたことがないが意を決してノレンをくぐった。平日の開店直後にひとりでカウンターへ、さっそくお好みでにぎってもらう。にぎりには煮切り醤油をひと刷毛塗ってきた。本わさびは置いてない。

　「沼津の地魚は何か入ってますか？」こう訊ねると、

　「ごそってのがありますが。網揚げるとゴソッと獲れるんで、ごそです」という返事。

　そいつは面白いと、まずはそれから。見た目は白身だが、味は白身と青背の中間という感じでプリプリッとしたテクスチャーは楽しめた。次はこれまた沼津というより駿河湾の特産の手長海老を生でいただく。イタリアンではスカンピ、フレンチならラングスティーヌでおなじみの海老だ。火を通すと海老よりもしゃこの食感に近いが、生だとボタン海老に似ている。続いてかすご（真鯛の幼魚）と小肌、ひかりものをレンチャンで。どちらも〆め加減が上々。ここで赤貝をお願いして目先を変える。サカナ一色の流れをいちど断っておくためだ。閖上（ゆりあげ）産とは比べられぬが、まずまずの味と香り。続いてさんまに行く。この辺からタネがジャンボサイズになって、酢めしの両サイドにまたがるように着地している。こういうのはホントに苦手だ。まぐろの赤身は

〈料理〉13 〈サービス〉7 〈雰囲気〉6 〈経営姿勢〉6　トータル 32

寿司

おすすめ料理
10カン2800円の駿河湾・地魚握り。同じく2800円の丸の内セット（鮨7カン、刺身3品、お椀にデザート）。

チャームポイント
すしダネはデッカいのが一番という人たちのパラダイス。

ウイークポイント
すし通を自負する人が行く店ではない。

ひとこと提案
江戸前仕事のいいところをもっと取り入れられたらいかがでしょう。

　その1カンで、江戸前の老舗なら3カンはにぎるだろう。口からあふれんばかりのまぐろで窒息しそうになった。締めの穴子の大きさにガマンしきれず包丁を入れてもらう。計8カンとキリン生中1杯で金3000円也。数週間後、店頭の貼りビラに「白身魚の大とろ・おしつけ」とあるので訊けば、クエやアラに似た駿河湾の深海魚で真っ白な身肉にかなりの脂が乗っているとのこと。興味は湧いても、それだけ食べに行くのもねェ。

　満足感がないのはわさびのせいだ。どんなにすばらしい鮨でも粉わさびでは画竜点睛を欠く。そば屋なら使わずに済むが鮨屋でそうはいかない。東京で魚河岸といえば築地のこと、場内の鮨屋は大衆店でもさすがに本わさびを用意している。ふだんは混ぜたのを使っていても、お願いするとおろし立てでにぎってくれるのだ。築地のハナシが出たついでに蛇足ながら、場内の鮨屋ガイドもしておこう。一番人気の「大和寿司」は煮切り甘めのにぎり大きめ、貝類大味だがまぐろはさすが、中とろ・大とろは場内一か。「寿司大」は好きだ。ひらめ、あいなめ、しまあじなど白身好きはこの店で。金目鯛昆布〆め、あぶりカマとろが名物。「鮨文」は酢めしの酢が控えめ。ひらめ、小肌、赤身はいいが、オバケ穴子だけは避けたい。「龍寿司」は不調。タネのうまみがどこぞに漏れていて、まとめておろすからわさびも気抜け。「岩佐寿し」は貝は得意でも、ひかりものなど江戸前仕事がおろそか。やり手女将がひとこと多くてうっとうしい。めんご。

〈主なメニュー〉	
魚がし握り（12カン）	3800円
手長えび（1本）	800円
はまぐりの酒蒸し	950円

6F
豆腐料理

京豆冨 不二乃
きょうとうふ ふじの

- TEL　03（3240）0012
- OPEN　11：00〜23：00／日祝22：00（ラストオーダー22：00／日祝21：00）
- 席数　テーブル60席

冷やっこは庶民の味方です

京都北野に本店をかまえる「京とうふ藤野」が京都伊勢丹店に続いて開いた2号店。お昼の献立は下記の4種類。すべてすまし汁とつけものが付いて1200円也。

おべんとう………小さないなりとおにぎり。おぼろとうふ。酢ばす、水菜ひたし、根菜のたきものなどの野菜。

おぼろ丼…………おぼろとうふのあんかけ丼。とうふコロッケ、生麩の素揚げなどの揚げもの。

おあげとやさいたっぷりの丼 ……京揚げ、にんじん、れんこん、ごぼう、なす、しめじなど野菜の炒り煮の丼。おぼろとうふ。

豆乳クリーム丼…ベーコンと白菜の豆乳クリーム煮とおぼろとうふの丼。とうふ、コロッケ、生麩の素揚げなどの揚げもの。

女性に圧倒的な人気である。若いOL、オバ様方、お年寄り、全く老若を問わない。しかし裏を返せば男性に極端に不人気とも言える。男女比はおよそ10対1程度で、訪れるたびに少々肩身の狭い思いをしている。可愛らしいおべんとうはダイエット中の女性にはピッタリでも、若い男性にこれっぽっちでは午後の仕事に差し障る。帰りがけに同じフロアの「赤のれん」（p.62）で博多ラーメンを平らげてちょうどいいくらいだ。

たしかに京風のなめらかな絹ごし豆腐は大豆の香りが高い。コク味もあっておいしく、当然自家製だし醤油との相性もよろしい。おぼろ丼と豆乳クリーム丼は何もドンブリごはんの上からブッカ

〈料理〉14 〈サービス〉6 〈雰囲気〉5 〈経営姿勢〉6 トータル 31

豆腐料理

おすすめ料理
おあげとやさいたっぷりの丼。

ウイークポイント
豆腐嫌い・牛丼＆焼肉愛好家・肉体労働者・破戒僧には、地獄のようなスポット。

チャームポイント
豆腐好き・精進料理愛好家・ダイエット実践者・修行僧には、天国のようなスポット。

ひとこと提案
京都伊勢丹店で出している、とうふドライカレー（1500円）を丸ビル店でも。男性客倍増の切り札になりますよ。

ケなくてもいいような気がする。これを木の匙ですくって食べるのは大のオトコには抵抗がある。なんか離乳食を食べてるみたいで、だんだんミジメになってくるのだ。おあげとやさいの丼はその点、箸でかっ込めるし、おぼろとうふが格好の箸休めとなって味のメリハリを楽しめる。お汁、つけものもさすがに気が配られていて、おざなりではない。

　夜はおぼろとうふがメインの北野膳、湯どうふが組み込まれたおきまりのふたつのコースが中心。おあげの焼いたん（900円）、おばんざい三種盛り（1200円）などのアラカルトも登場する。ただ東京の人間にとって、湯どうふの2000円はなんとか納得できても、冷やっこの1500円は心情的に受け入れがたい。たとえ梅肉、しそ、みょうがなどいろいろな薬味が揃っていてもだ。夏の夕暮れ、冷えたビールにそっと寄り添うひと鉢の冷やっこ、天下の美味を決して疑うものではないが、やはり庶民の手の届くところにあってこそのおいしさではなかろうか。

　飲みもののリストに目を移してガクゼンとした。純米酒の十冨と大吟醸の不二乃というのが並んでいるが、そのネイミングがちと胡散臭い。それより熱燗（清酒）ってなんだろう？　焼酎（宮崎・米）もなんだろう？　銘柄くらいキチンと明記してくださいよ。どうやらこの店、酒飲みが立ち寄る場所ではないらしい。

〈主なメニュー〉	
豆乳クリーム丼	1200円
夜の北野膳	4500円
夜のおきまり	6000円

5F
中国料理

筑紫樓 魚翅海鮮酒家

つくしろう ぎょしかいせんしゅか

- ●TEL　03（6213）2946
- ●OPEN　11：00〜23：00（ラストオーダー22：00／日祝21：30）
- ●席数　テーブル70席、カウンター5席、個室3室

フカは死んで、フカヒレを残す

高価なフカヒレを庶民の口元に運んでくれたこの店の功績は大きい。恵比寿西口の本店、東口店に続く3号店がこの丸ビル店。フカヒレはヨシキリザメの尾鰭や背鰭で、宮城県の気仙沼が世界一の水揚げ量を誇っている。太平洋を広く回遊し、人を襲うこともある凶暴なサメだが、水温の上がる春先から三陸沖に現れてひと夏の間、はえ縄漁のエジキになってしまう。古くから中国に輸出されていて、江戸幕府の貴重な外貨獲得に貢献した。年間1万トンも捕獲されるというから、サメもたまには人を襲いたくもなろう。

夜はコースを注文しないと予約が取れない。コースは7000円から25000円の4種類。いちばん安いコースの内容は、前菜の筑紫花盛り、干し海老と花しいたけのスープ、若鶏と野菜のオイスターソース炒め、フカヒレの醤油煮込み、北京ダック、大正海老のチリソース、蓮の葉に包んだフカヒレごはん、杏仁豆腐だった。ボリューム十分で味のほうもかなりの水準、満足感も高い。名代のフカヒレは36階の「福臨門」（p.20）が上湯（シャンタン）仕立てであるのに対して、こちらは紅焼（ホンショウ）という醤油と香辛料で煮込んでいく料理法。上湯がコンソメタイプなら紅焼はポタージュタイプでかなりトロミがある。

食べ終わって店内を見渡すと、奥まったテーブルに最近初めての時代劇に挑んで好評を博したY監督の姿が見える。フカヒレごはんに青菜の炒めものを召し上がられていた。そこでふと思ったのだが、外はかなりの行列、まさかご一行が並んでいたとは思えない。食べてるものはコース料理にあらず。ふ〜む、有名人ある

〈料理〉16 〈サービス〉6 〈雰囲気〉6 〈経営姿勢〉7 トータル 35

中国料理

おすすめ料理
前菜盛り合わせ。五目、または蟹とレタスの炒飯。お店には悪いが一番安い7000円のコース、それでじゅうぶん楽しめる。

チャームポイント
生まれて初めてフカヒレを食べる人の強い味方。

ウイークポイント
海老料理に冴えがなくてやや不満。料理法・味付けうんぬんではなく食材の質にイマイチ感残る。

ひとこと提案
入り口近くのテーブル席は隣席との間隔が狭く、ただでさえ居心地が悪いのだから、せめてランチタイムは禁煙に。

いは常連には例外があるのかもしれない。

アラカルトでは、あわびや海老の魚介類を塩味・豆鼓・XO醤など計8種類の味付けから選べるのがいい。これが空芯菜、青梗菜などの野菜類でさえ塩味のほかクリーム・オイスターソース・塩漬け豆腐風味などの5種類用意している。いいアイデアだ。

1200～1500円のお食べ得ランチも週替わりで常時4種類。海鮮豆腐あんかけ、牛肉のカレー粉炒めなどにスープとごはんと大根の醤油漬けが付く。チャーシュー麺に点心3種の飲茶定食もそのひとつ。人気のランチはフカヒレ入り煮込みつゆそばとフカヒレ煮込みかけごはんでともに1300円。OL・サラリーマンにオバ様族、みんなこれを食べているがとてつもなく熱い。つゆそばなんぞは熱くてツルツル食べられないのに、みるみる麺はノビていくものだから、心ばかりが焦ってしまい、あわてて麺をすすると舌にヤケドする。それこそ流動性のワナというか何というか、日本経済のデフレ・スパイラルみたいな食べものですよ、こいつは。フカヒレもチョコッと入ってるだけなので、奮発して姿煮入りを注文したい。熱さは変わらぬがこれなら食べた気がする。ただし値段は倍額の2600円。捨て難いのは五目炒飯と海鮮焼きそば。特に炒飯は出色、チャーシュー、小海老に玉子が入り、パラリと炒まったおコメひと粒ひと粒の食感が快適で、散蓮華（ちりれんげ）を握る手の動きが加速していく。スープ・ザーサイの脇役陣も決しておざなりなものではない。

〈主なメニュー〉
フカヒレ姿煮入り煮込みつゆそば　2600円
週替わりランチ　1200-1500円
夜のコース　7000-25000円

5F 洋食レストラン
グリル満天星 麻布十番
グリル まんてんぼし　あざぶじゅうばん

- TEL 03(5288)7070
- OPEN　ランチ11：00〜16：00（ラストオーダー15：30）、ディナー17：30〜23：00／日祝22：00（ラストオーダー22：30／日祝21：30）
- 席数　テーブル72席、カウンター8席

二度あることは三度ある

「え〜っと、スーパードライの小ビン2本ね。それからカキフライと海老フライにマカロニサラダ。あとリストにある赤ワインのバローロとジヴリー・シャンベルタンのボトル持って来てくれますか？ ラベル見て、どちらかオーダーしますから」

　フロアサービスの若い女性にこう告げたのがその夜の第一声。1分後、黒服のマネージャーにお持ち頂いたのは、あろうことかシャトー・ヌフ・デュ・パープとシャトー・カルボーニュ。あれれどうしたか2本とも違うのが来ちゃったよ。続いてマヨネーズで和えたサラダ風の一品が登場したのだが、どうも見た感じがおかしい。

「これってマカロニサラダですか？」
「いえ、ポテトサラダになります」
「あちゃ〜！」

　気を取り直して、選んだバローロ（6000円）にいく前にビールの小ビンをもう1本だけツレとシェアしようと思って追加注文。しかし二度あることは三度あるもんですな。今度は生ビールがジョッキで来たぜ。これにはのけぞりました。椅子からお尻がすべってスリップダウン寸前。当世のギャルならば「信じらんな〜い！」と叫ぶところだ。ニューヨークあたりじゃもっと過激に「アン・ファッキング・ビリーヴァブル！」とやるとこですよ。人のすることだから間違いもあるでしょう。まっ、笑って済ませられるケアレスミスだし、その後の黒服さんの対応もしっかりしたものだったので不快感は残りませんでしたが。

　三色ブルスケッタ、エスカルゴのクリーム煮、ロールキャベツ

〈料理〉16 〈サービス〉5 〈雰囲気〉7 〈経営姿勢〉6 トータル 34

おすすめ料理
シチューアラモード(すね肉とタンのミックスシチュー)。

チャームポイント
他店にありがちなケチくささがない(マカロニサラダにもナポリタンにもハムがタップリ)。

ウイークポイント
能力にムラのあるフロアスタッフ。

ひとこと提案
詰め掛ける客をさばくことに追われ、どこかに消えた思いやりを取り戻しましょう。

洋食

などすべて洋風おばんざいと称するミニサイズで食べた。厚とろタンシチューがその名のとおり厚切りタンをトロリと柔らかく煮込んで花マル。キャベツとコンビーフ炒めはあからさまにロールキャベツには使えないキャベツの芯のリサイクルながら、おいしいので許しちゃおう。ランチタイムはオムレツライスやハンバーグなど6種類の料理から2種類選ぶワンプレート・ミックスが大人気で、これは夜でもOKだが、選び方によっては割高感あり。ただしどの料理も安定している。

　商売繁盛のせいで、あっという間にシワシワのヨレヨレになってしまい、手に取るのもはばかられたメニューが、最近だいぶキレイになった。メニューに載っていても出来ない料理が多かったが、それも改善された。あとは、洋食屋らしく卓上に塩・胡椒は置いてほしい。

　なんだかんだとお説教を並べてきたが、人気、集客力ではここがNo.1。店の前の行列は丸ビルの風物詩になりつつある。この事実にいちばん驚いているのはスタッフと経営者でしょうね。ふと気が付いたのだが店名がタイムリーだったのではなかろうか。開業とほぼ同時期に始まったNHKの朝の連続テレビ小説「まんてん」を数時間前に観てきたオバ様のグループが丸ビルを訪れて、この店名に運命的な出会いを感じてしまう。「この世でいちばんカンジンなのは素敵なタイミング」ということなのでしょう。

〈主なメニュー〉
ワンプレート・ミックス
　　　　　　　　2000円
メンチカツ　　　1600円
スパゲッティ・ナポリタン
　　　　　　　　1500円

5F オリエンタル・フュージョン
パパイヤリーフ

- TEL　03（5220）4488
- OPEN　ランチ11：00～14：30／日祝15：00、ディナー17：00～23：00／日祝22：00（ラストオーダー22：00／日祝21：00）
- 席数　テーブル52席、カウンター6席、個室2室

磯の香りのサイゴン・スペシャル

　都心を中心に展開するチェーンの第5号店。ベトナム、タイ、インドネシアのカラーが強いが、本場のオーセンティックな料理が出てくるワケではない。オープン当初はもの珍しさと手ごろな値段でヤングカップルや女性グループの人気を集めていた。ここに来てやや息切れ気味、人気にもかげりが見えてきたようだ。

　週末のブランチに訪れた。ホテルの朝食風にフレッシュのグレープフルーツジュースでスタート。ベトナム風生春巻きのゴイクン（280円）は1本からオーダーできて格好のアペタイザーになるハズだったが、具の海老はほんのちょっとだけ、ほとんどレタスで肝腎のライスペーパーがやけに硬い。出鼻をくじかれた。トムヤムクンのフォー（1160円）はスープがタイ、麺がベトナムという汁そばの二重国籍版なのだが、スープにコクがなく、麺にはコシがない。フォーに付いてきた豚挽肉とバジルの炒めのせごはんのほうがまだマシだった。

　お次は海老・たけのこ・茄子のグリーンカレー（1140円）。ライスはインディカ米、大根と人参のなます、水菜・レタス・デトロイトのサラダ、マンゴー・パイン・バナナの小さなミックスジュースまで付いた。これもライスがまともなのにカレーにパンチ力がないから、気持ちが東南アジアへはばたいて行かない。どう表現したらいいだろうか。野球で言えば、打者の踏み込みが今一歩足りないため、当てるだけのバッティングになってしまい、ボールが外野に飛んで行かない、そんなニュアンス。ユニークなのが卓上のブレスケアのタブレット。よく焼肉屋ではミントのガムを

〈料理〉15 〈サービス〉6 〈雰囲気〉7 〈経営姿勢〉6 トータル 34

アジアン・エスニック

おすすめ料理
30食限定のサイゴン・スペシャル。

チャームポイント
健康的で割安感のあるセットメニュー。女性には使い勝手が非常にいい。

ウイークポイント
感激するほどにおいしい料理には出会えない。

ひとこと提案
目玉となる人気メニューの開発。ひとつビルの中に何軒ものアジアン・エスニックが同居していて、このままではあきられる。

貰うが、ブレスケアを置いている店は初めてだ。女性客には喜ばれよう。

　30食限定のサイゴン・スペシャル。ある日の小柱と青のりのベトナム風汁麺（生春巻き、サラダ、デザート付きで1000円）にはそそられた。待てよ、これってどこかで見たぞ。デジャヴーの糸をたぐっていって、日本橋のそば処「室町砂場」にたどり着いた。木枯らしが吹き始めると品書きに載るあられそばだ。熱々のかけそばの上に座ぶとん代わりの大きな海苔、そのまた上にタップリ盛られた新鮮な小柱。それと酒を飲む客だけに出される生海苔。そうか、あのコンビネーションだったのだ。「砂場」のあられそばはそのままでもじゅうぶんイケるが、玉子でとじたあられとじが捨て難い。いやいや、どうせとじるならかき揚げドーンの天とじが極め付きだ。ハナシを「砂場」から「パパイヤリーフ」に戻して、その汁麺には確かに小柱と生の青海苔、それに揚げねぎともやしにレッドオニオンが入っていた。サイドにはレタスと空芯菜のサラダに豆もやし、野菜がいっぱいだ。麺はフォーだが今回はコシも残って合格点を付けられる。

　小柱といえば、ばか貝（青柳のほうが通りがいい）の貝柱。江戸時代には現在ディズニーランドがある浦安あたりで大量に獲れた。当時食べ過ぎるとバカになるといわれたみょうがの産地は茗荷谷、早稲田界隈だ。愉快な川柳が残っている。

　「浦安と　早稲田は馬鹿で　蔵を立て」

〈主なメニュー〉	
アジアン・ハンバーグ	
	1140円
サムゲタン粥	1200円
ナシゴレン	1120円

5F グルメハンバーガー
KUA `AINA
クア・アイナ

- TEL　03（5220）2400
- OPEN　11：00〜23：00／日祝22：00（ラストオーダー22：30／日祝21：30）
- 席数　テーブル52席

ハワイは近くなりにけり！

ハワイはオアフ島のハレイワで1975年に誕生したハンバーガーショップ。日本でもすでに10軒ほど出店している。自称グルメバーガーというのは厚顔というよりもおチャメの範疇、笑って許せる。好き嫌いはないほうだがハンバーガーとお好み焼きは積極的には食べない。ニューヨークに丸10年も暮らしていて、本場のバーガーを食べたのはほんの数回、指折り数えて片手でたりるくらいだ。ゴルフ場でもどちらかというとホットドッグをかじってた。といっても帰国後は何軒か評判の店に足を運んでいる。ひとしきり新聞の紙面を賑わせた旧正田邸そばの「フランクリン・アベニュー」、日比谷公園に横向きに面している三信ビルの「ニュー・ワールド・サービス」、本郷3丁目の交差点に程近い「FIRE HOUSE」、どの店もアメリカのそれよりおいしい。お気に入りは浅草の六区に近い「ジロー」、ここだけは別格。自称お好みホットドッグだが、れっきとしたハンバーガーで、ハンバーグドッグもいいが、ポークソテードッグがもっといい。どれにも千切りキャベツとケチャップ＆ウスターソース味のマカロニが入って、これが絶妙のアクセント。かぶりつくと、昔懐かしの洋食屋の味が口いっぱいにひろがるのだ。最近はずっと閉まっている。電話は呼び出し音は聞こえても誰も出てはくれない。心配している。

1/3LBハンバーガーにフレンチフライとドリンクの付いたBセット（930円）に100円を追加してチーズバーガーにしてもらう。チーズはチェダー、スイス、プロヴォローネなど豊富な品揃えからアメリカンを選んだ。バンズもレギュラーにしたがカイザーロールや全粒粉もチョイスできる。約150グラムのパティに生のトマ

〈料理〉13 〈サービス〉5 〈雰囲気〉6 〈経営姿勢〉5 トータル 29

ハンバーガー・サンドイッチ

おすすめ料理
パストラミ・サンドイッチ。

チャームポイント
丸ビルの中のリトルハワイ。

ウイークポイント
バーガー店としてはちょっと待たせすぎかしら。でも許容範囲のうち。

ひとこと提案
サンドイッチとフレンチフライはグッド。ハンバーガーはもっとおいしくなるハズ。

トと焼きオニオン、堂々たる雄姿に割高感はない。オニオンの香ばしさが特徴的だった。

ライ麦パンでお願いしたパストラミ・サンドイッチにフレンチフライとドリンクのAセット（980円）がなかなかおいしい。パストラミは本場ニューヨークに近いものがある。味、ボリュームともにマンハッタンの「Second Avenue Deli」や「Carnegie Deli」などの名店には及ばずとも、かなりの健闘を見せていることは確かだ。

サイドオーダーのクラムチャウダー（350円）は熱々。具のじゃが芋をパクリとやって舌にヤケドした。オニオンリング（300円）は油臭さがなく、まあこんなもの。タルタルソース付きのポップコーンシュリンプ（450円）はやや海老が小さすぎるかな。コールスロー（80円）は小さいながらもこの値段なら注文して損はない。紙ナプキンの用意も万全、手洗い用のシンクまで完備しているのはさすがであった。

隣り近所に「マック」もなけりゃ「モス」もない。ライバル抜きで商売繁昌、いつも行列。オマケに目の前は、吹き抜けの天井が快適で、板張りの床が膝に優しい休憩スペース、その場所であふれた客がこの店の紙袋を開けているのだから経営者としては笑いがとまらない。ベスト・ロケーションのベスト・ポジション、旗艦店として丸ビル店あるかぎり、「KUA ｀AINA」は不滅です。

〈主なメニュー〉	
ハンバーガー1/2LB	980円
パイナップル・バーガー	
1/3LB	880円
フレンチフライL	400円

5F アジアン・キュイジーヌ
CITA・CITA
チタチタ

- ●TEL　03（5220）2011
- ●OPEN　ランチ11：00〜14：30、ティータイム14：30〜15：30、ディナー17：00〜23：00／日祝22：00（ラストオーダー22：00／日祝21：00）
- ●席数　テーブル94席、カウンター32席

ワインでもうけちゃイケマセン！

流行りのアジアン・エスニックの店である。丸ビルが発行したグルメガイドにはこうあった。「台湾、タイ、ベトナム、インドネシアなどアジア各国の伝統的な料理を本場より招聘した厨師たちが独自の技法で創り上げます」── ということはキッチンには最低4人の外国人シェフが居るわけですよね。採算性を度外視してもホンモノにこだわろうとする姿勢に拍手、と思ってはみたけれど、経営母体が「ソーホーズウェスト」、「青龍門」と同じソーホーズ・ホスピタリティ・グループと知って、期待はプシュンとしぼんだ。まっ、グルメガイドのコピーにしたって言葉のアヤってこともあるし、杓子定規に真に受けても始まるまい。

　最初はランチで様子見。旧知の友人と乗り込んだ。鶏唐揚げの甘酢ソース、レモングラス風味の牛肉のグリルなどが並ぶリストから海鮮焼きそばと本日のアジアンカレー（豚挽肉のココナッツ風味）をチョイス。焼きそばは中華料理屋のかた焼きというより長崎の皿うどんにソックリ。細麺にたっぷりのあんが掛かっている。小海老、いか、いかげそ、あさり、小柱と具も豊富で味付けもいい。これにはライス（ジャポニカ米）が付いてきた。カレーはかなりいいセン行くのだが、なにせ油とココナッツミルクと化学調味料が強すぎてまともに食べたらあとでノドが渇きそう。こちらはインディカ米で、とてもおいしいお米だった。ランチには蒸し餃子（豚挽肉、海老、春雨入り）が2カンとスープ（干し桜海老となめこ）が付いて餃子はかなりのレベル。「福臨門」（p.20）のそれと比べても遜色ないくらい。点心に関しては本場の厨師がいらっしゃるようだ。お見それしました。

〈料理〉14 〈サービス〉4 〈雰囲気〉7 〈経営姿勢〉5 トータル 30

アジアン・エスニック

おすすめ料理
餃子、小籠湯包などの点心類。1000円ちょっとで食べられるそこそこ充実したランチ。

チャームポイント
愛を語らう恋人同士にはほど良い暗さと雰囲気。

ウイークポイント
かなり長いことメニューを眺めていても、夜には食べたいモノがなかなか見つからない。

ひとこと提案
ワインに興味を示すとは思えない客層なのに、産地偏重のワインリストは無意味です。

　年が明けて今度はディナータイムにやはり前述の友人と。まわりはヤングカップルばかりで3〜4人の小グループが2組ほど。それにしてもこの空間、なかなかおシャレで快適だけど、食事するにはちと暗すぎやしませんか？　そのときワインリストを見ていた友人が素っ頓狂な声をあげた「高ぇな〜っ！」。引き取って「どれどれホントだね、リッジのジンファンデル2000がグラスで1600円はボッタクリだよ」。カリフォルニア、チリ、オーストラリア中心の品揃えはどれも割高。仕方なく紹興酒にエスケープする。古越龍山の8年ものをカラフェ（1800円）で頼んでロックでやるがあまりうまくない。つまんだ海老餃子は良かったがベトナム風揚げ春巻きは胡椒の香りしかしない。野菜も取らにゃと空芯菜を注文すると入荷なく、替わりに豆苗をすすめられる。豆苗ってやつは本来、えんどう豆の若葉なのだが、ここ数年それこそほんとうの苗、いわゆる貝割れえんどうが出回りだしてデパ地下あたりでも売られるようになった。安いけれども味は格段に落ちる。聞けばやはり貝割れで、やめておく。

　メニューを見てもほかに魅かれるモノはなし。紹興酒がだいぶ残っていたが「今井屋」(p.60)か「赤のれん」(p.62)で焼酎でも飲み直そうとお勘定。明細書に目を通して驚いた。氷代が500円、しっかりチャージされてました。これってちょいとばかしエゲツなくな〜い？

〈主なメニュー〉
本日のアジアンカレー　　1180円
海鮮焼きそば　　　　　　1280円
ベトナム風揚げ春巻き　　 980円

5F
イタリア料理

ISOLA SMERALDA

イゾラスメラルダ

- TEL　03（5288）6228
- OPEN　ランチ11：00〜16：00（ラストオーダー15：00）、ディナー17：30〜23：00（ラストオーダー22：30／日祝22：00）
- 席数　テーブル60席

ナポリ名物、水牛のモッツァレッラ

「ブォン・ジョルノー！」

　エスカレーターで3階あたりに差し掛かると、はやくも大声のお出迎えだ。もはや丸ビル名物になった感があるが、それも今のうち、もうじき聞くことができなくなりそうだ。このガイドブックが世に出るころにはおそらく。声の主はジュゼッペ・サバティーノ。オペラ歌手みたいな名前の陽気なイタリア人だが、六本木ヒルズに開業するイタリア料理店に移るらしい。

　白金の「イゾラ」から数えて、もう6、7軒になろうか、都心を中心にピッツェリアを展開しているグループの最新店がここである。どの店にもあるタイル張りの石窯がトレードマークで、この店のはエメラルド・グリーン、伊語でスメラルダだ。

　この丸ビル店には仕事仲間と大勢で出掛けた。国籍も日本、英国、シンガポールと国際色豊かなメンバーが集まり、飲みも飲んだり、食いも食ったり、ついでに騒ぎに騒いだり。フレンチではとてもこうはいきません。ペローニ社の生ビール、ノストロ・アズーロでまず乾杯。ワインはすべて赤、ピエモンテのブリッコ・デル・ウッチェローネ '98（15000円）とバルバレスコ・コッタ '95（10000円）、トスカーナのオルネライア '98（16000円）のボトルが次々にカラになってゆく。

　アンティ（前菜）に生だこぶつ切りのマリネ（1500円）、パルマ産生ハムと生柿の盛り合わせ（1500円）、いわしの香草焼き（1300円）をつまんでから、ピッツァは正統派のマルゲリータを2枚。1枚は牛乳の、もう1枚はブッファラ（水牛の乳）のモッツァレッラを注文して食べ比べる。それぞれ1600円と2000円。

〈料理〉19 〈サービス〉7 〈雰囲気〉6 〈経営姿勢〉8 トータル 40

おすすめ料理
ピッツァはマルゲリータ・ブッファラ、パスタは自家製タリオリーニ。グループならばグリリアータ・カルネ・ミストは必食科目。

チャームポイント
バランスのとれたメニューをどこから攻めてもハズレなし。

ウイークポイント
ちょっと狭苦しさを感じさせる。特に奥めのテーブルあたり。ピッツァ食べに来てスシ詰めにされるとは思いませんでした。

ひとこと提案
ディナーに比べてランチが味・ボリュームともに見劣り。スパゲッティのインパクト弱い。

イタリア料理

続いてパスタがシチリア風生うにのスパゲッティ（1800円）と、豚ほほ肉とサルシッチャ・ピカンテ（唐辛子入りソーセージ）の自家製タリオリーニ（2200円）。セコンディ（主菜）のサルヴィア（セージ）風味の豚ロースのソテー（2200円）を平らげたあとも、皆の衆はもっともっとの大合唱。ここでくだんのジュゼッペおじさんと相談。彼が強く推したのはグリリアータ・カルネ・ミスト、いわゆるミックスグリルですな。鶏半羽、豚ロース肉、牛フィレ肉、仔羊背肉の4種類がいい感じであぶられてローズマリーの香りとともにドーンとふた皿テーブルに運ばれて来たときにゃ、みんな揃ってパチパチパチ。一人前3500円のコイツがオルネライアと抜群の相性を見せた。こういうの食べたら化学調味料まみれの焼肉なんぞ食べる気がしません。いや、シビレやした。

この夜はホントに何を食べてもおいしかった。殊にいわしの香草焼き、マルゲリータ・ブッファラは特筆もの。そして本日のベストがタリオリーニ。きしめんのようなこのパスタを舌に乗せたときのあの感触、食べることの快感をカラダに刻み込まれたような思いがした。「Essenza」、「HiRo CENTRO」を含めても、丸ビルのベスト・パスタの称号を贈りたい。

しかし、くしくも「HiRo」とは同じ値段（1500円）で同じネイミングのランチメニューPranzo A は「HiRo」に軍配を上げねばならない。シンプルなランチ・コースといえども、はるかにあちらの完成度が高い。

〈主なメニュー〉
昼のPranzo A	1500円
ピッツァ・マルゲリータ	1600円
自家製タリオリーニ	2200円

5F カフェ・バー
精養軒茶房
せいようけんさぼう

- ●TEL 03（3201）2920
- ●OPEN 11：00〜23：00／日祝22：00
- ●席数 テーブル46席

老舗（しニセ）の名前で出ています

誰もが、この店をあの「上野精養軒」の支店だと信じている。ネットの東京グルメ手帳など、「ご存知精養軒がリーズナブルに登場。カフェ感覚で」── などと紹介している。これでは軽率のそしりを免れない。軽食中心の店だからいいようなものの、これが本格的な西洋料理店で、予約を取ってのご来店だったら、それこそ笑い話では済みそうもない。何を隠そう、実はこの店、ご存知「精養軒」とは縁もゆかりもない赤の他人なのだ。上野の老舗を知らない人はいないから、当然この店の経営にたずさわる方々が気づいていないワケがなく、確信犯のパクリ屋さんにまず間違いのないところだろう。赤の他人が文字通り他人のフンドシで相撲を取ってる姿、ハタで見ていて気持ちのいいものではないですね。

とにかく行ってみないことには始まらない。だまされたフリをしてランチに出掛けた。広東風焼きそば（1000円）はあんかけタイプで具はベーコン、小海老、きくらげに野菜。あんがゆるいものだから、皿の上はビチャビチャだ。海老炒飯（1000円）には小海老、玉子、あさつきが入り、わかめスープと小さなサラダが付く。今度はライスが柔らかくてベチャベチャときた。ともに味付け自体は悪くなく、中華料理らしき風味は立っていた。ミックスサンド（600円）はロースハムとエッグサラダで可も不可もないが具の量がもうちょっとほしい。ロースハムはいいものを使っている。コーヒー・紅茶（各400円）はごくごくフツー。コーヒーは苦味より酸味が勝ったタイプだ。紅茶にはクリームではなく、温めたミルク（牛乳）を添えてほしい。

〈料理〉12 〈サービス〉4 〈雰囲気〉4 〈経営姿勢〉4 トータル 24

カフェ・バー

おすすめ料理
ドイツ直伝ボンレスの嶋田ハム。

チャームポイント
丸ビル5階以上で唯一の喫茶店兼バー。

ウイークポイント
どれをとっても中途ハンパ。開店以来ずっとランチは炒飯と焼きそばだけの無策さにあきれる。

ひとこと提案
少ない昼のメニューを増やし、ハチャメチャな夜のメニューのバランスを考え直すべし。

　夜、居酒屋で軽く飲む感じで立ち寄った。いいちこをロックでやる。リストに目をやれば、グラスの白ワインがサンフランシスコ産とは珍しい。酒の肴は何にしようとメニューを開いた瞬間に、とんでもない活字が目に飛び込んできた。福井県大野産日本一の里芋の煮っころがし（600円）、なんとまぁ大ゲサな。吹き出しながらも取りあえずオーダーしてみると、結果は期待を裏切って大ハズレ、全員ひとつだけ食べてあとは箸が出ず、ひたすら福井県が嫌いになったりしてる。

　お次はあじのマリネ（500円）だったが、てっきり酢かレモンで〆めた洋風あじ酢と思いきや、唐揚げをマリネした南蛮漬けが登場した。なんだそれならエスカベッシュと記してほしかった。案の定これもダメで二連続OBとなる。おい、おい、ボールはあと1個しか残ってないぜ、と不安をつのらせつつも、最後の希望をウインナーソーセージ（800円）に託す。これはかなり時間が経ってから現れた。なんか一度ゆでてから焼き直したように見えるのだが味は良く、なんとかフェアウェーキープでやっとこさひと息ついて、ソーセージには付きものの練りがらしを所望する。ところが届いたからしに絶句した。しばらく使われてないのか表面が干上がっているではないの。開店以来誰も使っていないようだ。

　結局フェアウェーからの第2打がまたOB、ここであえなくギブアップ。自慢じゃないけどPar 3で9打もたたいちまったぜ。

〈主なメニュー〉	
嶋田のロースハム	1000円
麻婆春雨	800円
ホットケーキ	600円

5F
カリフォルニアキュイジーヌ

WeST PArK CaFE Marunouchi

ウェストパークカフェ マルノウチ

- TEL 03（3240）0224
- OPEN 11：00〜23：00／日祝22：00（ラストオーダー22：00／日祝21：00）
- 席数 テーブル42席、スタンディング・バーあり

あれでもサービス料とりますか!?

代々木上原の本店は地元のファンに支えられてかなりの人気店だ。ポーションの大きさが割安感につながって合理性を生むためか、やたらに外国人が多い。あまりウルサそうな人種がいないのは大ざっぱな味の料理のせいかもしれない。カリフォルニア料理を謳っているが舌の肥えた人が行く場所ではなさそうだ。

　赤坂の東急プラザ店に続いてここが3号店。上原店のイメージでは夜に酒を飲むというよりも、週末のブランチがお似合いなのだがスペシャリテのローストチキンを朝っぱらからでもなかろうと、昼下がりに遅いランチにおもむいた。

　メインはくだんのハーブ・ロティサリー・チキン半羽と決めてある。これにスープかサラダ、コーヒーか紅茶がセットで1700円。選んだシーザーカルディニサラダが運ばれてきて思わず「あちゃ〜！」──レタス、ラディッキオ、パルミジャーナの上にはクルトンとコールドチキンの胸肉がのっていた。チキンとチキンのハチ合わせだ。初球を打ったらいきなりの併殺打であった。そうなんだよ、サラダもんは内容をチキンと、いやキチンと確認しなきゃいかんのですよ。気の効いたサービススタッフならそのあたり指摘してくれるんだがな〜、と未練タラタラ。意識的に鶏肉をはじきながらサラダを済ませてメインに進む。焼き上がったチキンにナイフを入れ、オニオングレーヴィーをからめて口に運ぶ。今度は「あれェ？」──どこかに香りがとんで、うまみが漏れている。なんか圧力鍋で煮たのを焼き直した感じ。これなら地下1階の「ユーハイム」のしゃものロースト（1000円）のほうがずっとうま

〈料理〉10 〈サービス〉4 〈雰囲気〉6 〈経営姿勢〉4　トータル 24

カリフォルニア料理

おすすめ料理
二度訪れたが見つからない。

ウイークポイント
多すぎて書くスペースがない。

チャームポイント
どこを捜しても見つからない。

ひとこと提案
料理・飲みもの・サービス、すべてにおいてコペルニクス的転回を図るべし。

いぞ。飲み放題のコーヒーもあまりのまずさに1杯すら飲めない。

　汚名挽回のチャンスを与えた。今回のランチセットはメインにスパゲッティ・ボッタルガ（1200円）を選ぶ。シーフードトマトスープはあさりと小海老に野菜入りでごくフツー。さて、からすみのスパゲッティだが、肝腎のからすみの風味が立ち上ってこない。ブロッコリーはベチャッとしてるし、オリーヴ油の質が悪くてしつっこさが胸に来る。こいつはイタリア料理店のパスタとは別物だわ。そういえばメニューのピッツァ・マルゲリータがカタカナもアルファベットもマルガリータと誤記されていた。それじゃテキーラベースのカクテルになっちゃいますよ。とにかくこれはイカンとアイスティーでお口直し。ところが出たのはパラダイス・アイスティーと来たもんだ。これは一口飲んでやめた。あとで女友だちに聞いたら「ロイホ」や「ミスド」が使っていてファンクラブまであるという。まっ、ここは多くを語るまい、語れば言葉がキツくなる。

　支払いを済ませてふと気がついた。ランチタイムなのに10％のサービス料が加算されている。あのサービスで、しかもベンチシートのつなぎ目に決め皿（客の座る位置を決めるためにあらかじめ置かれている皿）を配するようなデリカシーのなさで。この店はとんでもないカン違いをしている。思わず絶句。そしてそのあとに一句。

　「カン違い　炬燵で母の　手を握り」

〈主なメニュー〉
フライドカラマリ　1000円
フェットチーネ・アルフレッド　1300円
カジキマグロのグリル
　　　　　　　　1700円

5F 洋食・パティスリー
西洋御膳フレミナール小岩井
せいようごぜんフレミナールこいわい

- TEL　03（5224）3070
- OPEN　11：00～23：00／日祝22：00（ラストオーダー21：45／日祝20：45）、休憩16：00～17：30
- 席数　テーブル36席、個室1室

オムラとカレラを何とかしてよ！

　バターがおいしい小岩井牧場が洋食屋を開くと言うので、期待に胸をふくらませた。ほとんど毎朝飲む牛乳だってサンドイッチを買い求めるパン屋によって変わるけど、だいたい明治か小岩井のどちらかだし。

　11月の初旬、会社の同僚を誘ってランチに訪れる。前夜の夕食が36階の「招福楼」(p.28)で純和食のため洋食に食指が動いた。洋食屋はひとりで出掛けて単品を注文すると何かものたりなさがつきまとう。したがってそんなときにはミックスフライやミックスグリル、ハンバーグと海老フライの盛り合わせ、オムレツのっけハヤシライスなどひと皿で二度も三度も楽しめるメニューを選択することになる。洋食・中華は大勢で押しかけるに越したことはない。農場玉子オムライス、農場ビーフカレーライス、はたのポワレの醤油クリームソースとロールパン、3種類注文して分け合って食べる。まずオムライス、玉子はともかく牛のクズ肉とケチャップライスがベチャッとしていて、ちっともおいしくない。ビーフカレーはもっとひどく、スパイスの香りだけでソースにコクとうまみが全くない。無味乾燥とはこのことだ。はたというサカナは香港あたりでは最高級魚、ハリのある上品な白身魚は高級鮨屋でも扱われるようになった。はたのポワレのみ、ある程度の水準に達していたがあとはダメ。セットメニューに組み込まれた海藻のスープは、インスタントのお吸いもののような味。小さなサラダはつまんでいると自分が小鳥に変身したような気さえしてくる。ふくらんだ胸はあえなくつぶれました。

　とても再訪する勇気は湧いてこなかったが、食いもんのウラミ

〈料理〉12 〈サービス〉6 〈雰囲気〉7 〈経営姿勢〉5 トータル 30

洋食

おすすめ料理
軽い一品料理に赤のグラスワイン。あとはチーズにバターにロールパン。

チャームポイント
おだやかな店の雰囲気にとけこんでいるオットリとしたサービス。

ウイークポイント
ごはんものとパスタ類。炭水化物が苦手なのは洋食屋にとって致命傷。

ひとこと提案
白のグラスワインが甘口デザートワインのソーテルヌ1種類ってのはいけません。絶対にシャルドネを加えるべし。

も恋の痛手同様、時が解決してくれるものらしい。年が明け、寒さがゆるみ始めたころにワンモアチャンスを差し上げた。ラストチャンスと言い換えたほうがいいかもしれない。今度はディナータイム。さすがにフルコースは無謀だから、軽くつまんで軽く飲もうということに。A・コルトン、G・シャンベルタン、ブルネッロにバローロ、そこそこの値段で手ごろなワインが揃っているがここはグッとガマンのグラスワイン。料理がイケてなかった場合、即刻他店に逃れるために身軽でいなければならないのだ。赤のC・エルミタージュ（800円）とC・サンスーラン（1000円）でサンスーランがかなり気に入った。メルローの柔らかいタッチが前面に出ていてとてもいい。このお店、洋食やめてワインバーにしたほうがいいんじゃないかしら。料理は海の幸とオリーヴのマリネ、エリンギ茸のソテー・ガーリック風味、大正海老のフライ・タルタルソース添えの3品。マリネは魚貝の火の通しがもっと浅くていい。最近品質が向上しているエリンギは悪くはないが出来合いの乾燥ニンニクチップは使ってほしくない。海老フライは大きめのボディの中に味噌もミッシリ入っていておいしかった。どの料理も海老フライのレベルまで底上げしてほしい。

結局なんとかもういちど来てみようかな、という気にはなってきた。昭和30年代の洋食屋をしのばせる落ち着いた空間は訪れる人をなごませる。それでも今のままではカレーライスとオムライスは食べたくないッス。

〈主なメニュー〉
農場玉子オムライス 1400円
海の幸とオリーヴのマリネ 1200円
大正海老のフライ・タルタルソース添え 1800円

5F
ベトナムフレンチ
Casablanca Silk
カサブランカ シルク

●TEL　03（5220）5612
●OPEN　11：00〜23：00／日祝22：00（ラストオーダー22：00／日祝21：00）
●席数　テーブル120席

コロンブスが幸せだったのは……

　ベトナムやタイを中心としたアジアン・エスニックがひしめく丸ビルでは、料理、インテリア、サービス、どれをとっても、この店と35階の「マンゴツリー東京」（p.34）が双璧だろう。両店とも１回目は週末のランチブッフェに訪れた。そしてやはりどちらもブッフェではその真髄を見極めることはできずに、再訪するハメになる。

　二強の雌雄を決するためには慎重かつ厳正にジャッジせねばならぬ。あまり間をあけてはならじと「マンゴツリー」の翌日に「Casablanca」を訪れた。前夜と同じ窓際の席、東京駅を上から見下ろすか、正面から見据えるかの違いだ。もうひとつ大きな違いはこの店ではアラカルトの客でも予約を受けてくれること。これがうれしい。テーブルについて食前酒を楽しみつつメニューを開き、自分たちで料理を決めていく、客にとっては至福のひとときだ。むしろこの瞬間のほうが料理を食べているときよりも幸せなのかもしれない。ロシアの文豪ドストエフスキーも言っている。「コロンブスが幸せだったのはアメリカ大陸を発見したときではない、発見しつつあったときだ！」と。まさしく、である。コース料理だけを押し付ける料理店は客の喜びを奪っていることに気づいていない。

　ベトナムの333（バーバーバー）かシンガポールのタイガーか。迷った末にタイガー。いえ、ビールのハナシです。ワインはブルゴーニュの赤、モルジョのシャサーニュ・モンラッシェ'99（8400円）。旬の青菜のガーリック炒め（1200円）で試合開始。青菜は油菜心、緑の中の鮮やかな橙色は小鬼百合の蕾で愛らしい。Silkの

〈料理〉17 〈サービス〉7 〈雰囲気〉8 〈経営姿勢〉7 トータル 39

フランス風ベトナム料理

おすすめ料理
Silkのロータスサラダ。

チャームポイント
おいしい料理、快適な空間、しっかりしたサービス、三拍子揃っている。

ウイークポイント
ときとしてシッチャカメッチャカになったブッフェがなくなり、今のところ死角なし

ひとこと提案
1000～1500円くらいのワンプレート・ランチがあったらOL・サラリーマンが殺到するだろう。

ロータスサラダ（1500円）はシャキッとした蓮の茎に濃いうまみの蒸し鶏が絶妙でモンラッシェとの相性も抜群。すずきとポワロ葱のハーブ蒸し（2400円）もいいデキだ。当方名物モロッコ・モロッコ（2800円）はクスクスが少ない上に、牛の頬肉を赤ワインで柔らかく煮込んであり、モロッコというよりフランス料理だ。名前をディジョン・ディジョンかメドック・メドックに改めたほうが、らしくなる。海老とココナッツミルクのベトナムカレー（1800円）はかなりマイルド。ココナッツミルクはほとんど使われておらず、料理名から外したほうが賢明だ。さもなくばタイカレーをイメージして注文した客がガッカリしてしまう。

　料理の完成度は高い。適確なワインリストもニクい。ちょっと押し付けがましいサービスも度をわきまえていて、むしろプロらしくていいくらいだ。現時点では間違いなくこの店が丸ビルのNo.1 エスニック。際コーポレーションを見直してしまった。

　食べ得感のあったランチブッフェが'03年3月いっぱいで突如打ち切られた。現在は同じ値段のランチコース（2300円）のみ。前菜は海老餃子・揚げ春巻きなどから1品、食べ放題のサラダのあと、魚介は帆立のXO醤炒め・真鯛のもろみ蒸しのどちらか、肉料理はモロッコ風チキン・牛肉ハノイスタイルからチョイス。デザート、コーヒーか蓮茶が付く。このスタイルのほうが正解だ。ブッフェ時代にはオバ様族が両手の皿に料理をテンコ盛りにして、あっちフラフラこっちヨタヨタ、とても見られたものではなかった。

〈主なメニュー〉
ランチコース　　　　2300円
旬の青菜のガーリック炒め 　　　　　　　　　2800円
Silkのロータスサラダ 　　　　　　　　　1500円

5F 炉端焼・ふぐ料理
醍醐味
だいごみ

- TEL 03（5219）7011
- OPEN　ランチ11：00〜15：00（ラストオーダー14：00／土日祝15：00）、ディナー17：00〜24：00（ラストオーダー23：00）
- 席数　テーブル100席、カウンター16席、個室1室

焼酎はちゃんといっぱい注ぎましょう

「橙家」、「ちゃんと」、「熱烈食堂」と、和・洋・中それぞれの居酒屋を展開しているちゃんとフードサービスが開いた高級炉端焼きの店。下関直送の天然とらふぐなども扱うので、すでに炉端焼き屋のワクに収まってはいない。炉端のカウンター席、ダイニングのテーブル席、お座敷に、ひと部屋だけだが個室も完備、用途によって使い分け可能なしつらいが魅力でスペースもゆったりめ。加えてゴージャスなインテリア。「ちゃんとグループ」としてはかなりの力の入れようだ。5、6階の飲食エリアでは唯一この店だけがトイレを自前で完備、35、36階でも無い店が多いのに、これはエラい。

　初回は土曜の夜にすいているカウンター席へ。いきなりスーパードライをイッキ飲み。ふぐの子粕漬け、ほたるいか沖漬け、金沢の近江市場から届いた加賀の珍味（各500円）をサッと注文。それに赤身、中とろ、大とろと三拍子揃った本まぐろ3種盛りをお願いしたのだが、付いてきたのはニセわさび、おい、おい、本まぐろには本わさびでしょうが。ダメもとで「生のわさびはないんですよね？」「ただいま聞いてまいります」——5分後、人間あきらめないことが肝腎ですな。やって来ました本わさび、それもおろし立てがタップリと。サービス係が男性だったのでノー・リアクションだが、女性だったらホッペにキスしてあげたい気持ち。気分を良くして焼酎へとギアチェンジ。美鏡（麦）、マヤンの呟き（そば）、石蔵（芋）と飲み継いだのだが少々気分を害した。すべてロックで頼んだものの、あまりに焼酎の絶対量が少なくグラスの中でアイスがカラカラ空回りを始める始末。目薬さしてるんじ

〈料理〉15 〈サービス〉8 〈雰囲気〉8 〈経営姿勢〉6 トータル 37

おすすめ料理
魚介類と野菜の炉端焼き。昼のかれいいしる干し膳。

チャームポイント
快適でおシャレな空間と丁寧なサービス。

ウイークポイント
ランチの副菜が多すぎる。夜の焼酎がケチくさい。

ひとこと提案
好みの問題だが、ごはんがちょっと柔らかい。「ごはんは、硬め柔らかめの2種類ございます」そんな店が出て来ないもんですかね。

ゃないんだから、もちょっとガバッとお願いできませんかね。
　このままでは10杯飲んでも酔えないぞと今度は日本酒。佐賀の東一純米大吟醸と、珍しくも大阪の秋鹿山純米吟醸を。その間、甘鯛、さんま、みょうが、万願寺唐辛子が次々と炉端で焼き上がる。どれもけっこうだ。さんまなどお米のごはんを食べたい誘惑にかられるが、お米のジュースを飲んでいるんだと、ここはじっとガマンの子。そしてやっとこさ締めに小さなおにぎりと、油揚げ・大根のみそ汁。このみそ汁がとてもおいしく、飲み疲れた胃の癒し効果まで発揮する。
　値段は張るがランチメニューも充実している。かれいいしる干し、金目鯛煮つけ、沖縄産長寿豚の角煮などが並ぶ。かれいは上品なおいしさ、魚醤いしるの風味が高い。金目はかまの部分がドーンと来て、やや閉口気味。どの定食にも付く副菜が豪華絢爛で、筑前煮、ポテトサラダ、野菜サラダ、いか明太子和え、削り節佃煮、いぶりがっこ、しば漬けが所狭しと並ぶ。一体全体こんなに食わせてどうすんのっ！　ただ、ごはんも何も出ないうちに、塩辛い漬物類が出されるのは理解できない。それならばサラダ類を先に出したほうがスッキリするし、客としても食べやすい。ゆずのシャーベット、豆乳プリンなどのデザート付きで、このプリンがかなりイケる。ランチタイムにも10％のサービス料を取られるが、気配りの行き届いたサービスは、十分それに値しよう。

〈主なメニュー〉
金目鯛煮つけ膳　　3000円
五穀米と大和芋のとろろ膳
1500円
天然真鯛刺身　　　3500円

炉端焼・ふぐ料理

5F フランス料理
LABYRINTHE
ラビラント

- TEL 03（5220）7022
- OPEN ランチ11：30〜15：00、ディナー18：00〜22：00
- 席数 テーブル38席

川蟹は四万十のタマモノ！

この店の魅力は何と言っても変化に富んだ豊富なメニュー。それを眺めているだけで胸がワクワクを通り越してドキドキしてくる。しかも何を注文しても全くハズレがない。驚くべきことである。

その夜はまずポテトとオニオンとサカナのアラを焼き上げ、小さなパイに仕立てたものがアミューズとして登場。そのあとに厚岸産生がきをひと粒だけつまみ、豚の耳、胃袋、腎臓を小腸に詰め込んだアンドゥイエットのパン粉付け焼きに進むころ、飲みものをハイネケンの生から、奮発してブルゴーニュの赤、ポマール・グラン・ゼプノ'83（28000円）に切り替えた。続いて白身魚を裏漉しした、スープ・ドゥ・ポワソンと四万十川の川蟹のビスクをそれぞれドゥミ（ハーフサイズ）で味わう。似たもの同士、どちらか片方にしておけばよいものを両方やっつけちゃうところがわれながら意地汚い。

'01年6月、白金は四の橋のたもとの本店で初めてこのビスクに遭遇したのだが今回はよりいっそう凝縮したコク味を感じた。他のふたつが決まっているワケではないけれど、東京三大スープのひとつに数えたい。訪れたらぜひお試し下さい。ビスクとはいわゆる甲殻類のポタージュで、普通はオマール海老がよく使われる。火を入れてもエビ類のようにシナモンっぽい匂いが出ないぶん、蟹のほうがストレートにうま味が際立つ。メインは骨付き和牛フィレ肉のグリエ。格子模様の焼き目がアイアングリルでキッチリと付けられている。実はコイツがクセモノで、香ばしさよりも苦みが勝ってしまい、和牛の持ち味を楽しめない。せめて縞模

〈料理〉19 〈サービス〉9 〈雰囲気〉7 〈経営姿勢〉9 トータル 44

フランス料理

おすすめ料理
仔うさぎのソテー・トリュフ風味のキャベツ添え。

チャームポイント
メニューを見ているだけで心踊る料理の数々と、それを認識しているスタッフの面々。

ウイークポイント
現時点では見当たらない。

ひとこと提案
スカスカの平日昼がもったいない。ソール・ムニエル、ステーク・フリッツなど、ビストロ的ランチメニューを導入してみては。

様にとどめてくれると、焦げ目が半減してちょうどいいのにね。添えられた黒トリュフ、ポムフリット（フレンチフライ）の脇役陣は秀逸であった。仲間と分け合ったもうひとつの主菜が九州産山羊の煮込み。山羊といえば沖縄の郷土料理のハズ。ギャルソンの説明によると沖縄にはそんなに居ないそうで、この店も九州から入れているとのこと。懸念された独特の臭みも上手に消してあった。この皿には生姜のニョッキとたっぷりの温野菜が盛り込まれていて、これだけで肉体疲労時の栄養補給には十分。デセールのプロフィトロール（団子サイズのシュークリーム）はアールグレイの風味を効かせたソースが香りに香る。マロンのテリーヌはクリームとピュレとスポンジの栗づくし三段跳び、皿の上のトリプルアクセルだ。レモンバームとレモングラスで香り付けしたミントティー、甘口白ワインのソーテルヌで締めくくる。ディナータイムだけでなく、比較的すいている昼にワンプレートだけのランチも可能。穴場としてOL・サラリーマンにもっと利用されていい。

ふ〜ん、今日のところはこちらのほうが本店よりいいかもしれないな……素直な感想であります。支店が本店を凌駕する。なかなか出来るこっちゃありませんよ。

丸ビル地下から東京駅に抜け、ステーションホテル2階の「バー・オーク」へ。コアントローを控えめにしてもらったサイドカーをやりながら、素敵なディナーの余韻にひたりきりました。

〈主なメニュー〉
四万十川の川蟹のビスク
900円
ラビラント風ブイヤベース
1650円
ホロホロ鳥のロースト
1780円

5F
パスタ
Essenza
エッセンツァ

- ●TEL　03（3240）0103
- ●OPEN　11：00〜23：00（ラストオーダー22：00）
- ●席数　テーブル6席、カウンター18席

天才シェフの舌は一枚

　アドレスは恵比寿ながら広尾駅からほど近い新豊沢橋のたもとにイタリア料理の名店「アロマフレスカ」がある。いや、あった。毎日13時半から3ヶ月先の同じ日付の予約を電話で受付けるのだが、簡単に繋がったためしがない。フレンチの「レストラン・キノシタ」とともに東京の二大「狭き門」だ。どちらもその料理を思い出すだけでシアワセな気分にひたれるほどなのに、至難の予約がユウウツだ。宗教的に解釈すると、これはすでに罪悪といってよい。さすれば原田、木下両氏は罪人ということになる。と思ったら'03年3月末に突如「アロマフレスカ」が閉店してしまった。何も閉めるこたあないでしょうに。

　ところがその2週間後、品川に「アロマクラシコ」と名前を変えてオープンしたと聞いて喜び勇んで出掛けた。近江牛のイチボやコロラド産の仔羊（世界一のラムだと思う）の炭火焼きを主役に配した新しいタイプのリストランテで、前菜とパスタには「アロマフレスカ」時代の定番が居並ぶのだが、正直言ってボクは「フレスカ」のほうが好き。しかしこの「クラシコ」も並大抵のおいしさでないことは確かだ。オープンキッチンの中の原田シェフに女性客の熱い視線が注がれている。

　中野坂上の「カッフェ・アロマティカ」が2号店。さらにパスタとピアット・ウニコ専門のこの「Essenza」が3号店。ピアット・ウニコ（PU）は直訳すれば「1枚のお皿」。ワンプレートで1回の食事にことたりて、なおかつ複数の味覚のフュージョンとコラボレーションを楽しむというスタイルだ。同じ箱に納まっていても互いに混ざり合うことのない松花堂弁当ではなく、いわば

〈料理〉15 〈サービス〉6 〈雰囲気〉7 〈経営姿勢〉6 トータル 34

イタリア料理

おすすめ料理
海の幸のラグーとトマトのスパゲッティ。ゴルゴンゾーラ風味のラザーニャ。

ウイークポイント
メニューの硬直性。何度も通っているうちにあきてくる。

チャームポイント
開放感のあるオープンキッチンとカウンター席。牛丼屋みたいでイヤという声も聞くがボクは好き。

ひとこと提案
一歩でも二歩でも「アロマクラシコ」のレベルに近づくように。

カツのっけオムハヤシみたいな料理がそれに当てはまる。

いろいろ食べてみた。小海老ときのこのペペロンチーノ、仔うさぎとごぼうのスパゲッティ、ゴルゴンゾーラ風味のラザーニャとリードヴォーのPU、わたり蟹のキタッラとオマール海老のPU、前菜のバーニャ・カウーダ(生野菜のアンチョビ&ニンニクソース)もいただいた。「カッフェ・アロマティカ」でもそうだったが、ここでもバーニャ・カウーダのソースは冷たい。もともと「熱い風呂」という意味のこの料理はやはりソースが熱々でないと魅力に乏しい。冷製ならばバーニャ・フレッダとすべきでしょう。もっとも水風呂じゃあ誰も入らんか。4月から週替わりのウイークリー・ランチが登場した。サラダかスープ、お好みのパスタ、ジェラートかエスプレッソのコースで1800円。

後続の2店は、今は亡き「アロマフレスカ」や新進の「アロマクラシコ」に比べてかなりオチる。なぜか？ 答えは簡単明瞭、その2店には天才原田慎次がいないからである。彼の料理に接すると、料理人にとって大切なのは腕ではなく舌なのだとつくづく思う。腕は磨けても舌を磨くのは不可能だ。味覚は生まれ持った才能なのである。しかも時間との折り合いを瞬時に要求されるパスタ料理は実に難しい。店を何軒持とうと彼の体はひとつだけ。当然舌も一枚だけ。エッ？「ウチではどの店でも同じお味でお出ししてます」ってか？ フッフッフ、ご冗談を。世間ではそういうのを二枚舌と言うんですよ。

〈主なメニュー〉
ウイークリー・ランチ　　1800円
有機野菜のスパゲッティ菜園風　　1800円
ラザーニャとリードヴォーのソテーのPU　　2400円

5F デリ・カフェテリア
Cafeteria L'OASIS
カフェテリア・ロアジス

- TEL 03(5220)5567
- OPEN 11:00〜22:00／日祝21:00
- 席数 テーブル11席、カウンター5席

丸ビル一のお食べ得

ハッキリ申し上げて、丸ビル内のレストランでもっとも過小評価されているのがこの店。おいしい料理をとても安く食べさせてくれるのに客の入りはイマイチどころかイマニ、イマサン。とかくこの世はままならぬ。

恵比寿の名門フレンチ「カーエム」の出店で、その片鱗をそこかしこに垣間見ることができる。本家の料理はすばらしいもので、'02年の夏に訪れた際においしかったものを列挙してみると、①じゃが芋のソルベとずわい蟹のドーム仕立てキャヴィアのせ ②スプーンで大きくすくったフォワグラのテリーヌ・こごみのピクルス添え ③霞ヶ浦産かえるのポタージュ・バジル風味 ④フェタチーズを詰めたロワール産仔うさぎモモ肉のソテー・温野菜添え どれをとってもパリのミシュラン三ツ星レストランに引けを取るものではなかった。特にじゃが芋とずわいの一品など環日本海料理の趣きで、心に残るひと皿だった。もちろんこちらはカフェテリアと称するだけに惣菜風の料理が多いし、テイクアウトショップの感は否めない。しかしメインプレートにシーフード・チキン・ポーク・ビーフの4種類を常備しているところを見ても生半可なファーストフード店では決してない。

イチバンの気に入りは豚肉のソテー・粒マスタードソース。とんかつにするようなロース肉はジューシーで柔らかく、スパイシーにしてクリーミーなソースとよくからむ。ターメリックライスであったり、オニオンとレタスのエテュヴェであったり、日替わりのガルニテュールが2種類付いて、あとは1片のバゲット、これで700円。これに酸味も軽やかなコールスロー(180円)か、パリ

〈料理〉17 〈サービス〉5 〈雰囲気〉4 〈経営姿勢〉10 トータル 36

おすすめ料理
本日のホットプレート（メインに付け合わせ２品とバゲット）とニンジンのサラダ。

チャームポイント
丸ビルの５階以上で、女性ひとりが気軽に食事のできる貴重なスポット。

ウイークポイント
どこかイケてない、なぜかノレてない店の雰囲気と、その業務形態。

ひとこと提案
名店「カーエム」の名を前面に出しましょう。姉妹店の地下のパティスリーとの相乗効果を追求すべし。

デリ・カフェテリア

の惣菜屋のキャロット・ジュリエンヌそのもののニンジンのサラダ（180円）でも付ければもう完璧、貴女もパリジェンヌの仲間入りだ。白身魚のプロヴァンス風（750円）もなかなかのデキ。すずきであることが多いのだが、ぶりやサーモンも使って白身と呼ぶのはちょっと……と思っていた矢先、さすがに鯖のときには青魚のプロヴァンス風とメニューボードが書き改められた。鶏肉のクリーム煮エストラゴン風味（650円）、牛肉ときのこの赤ワイン煮込み（750円）も本場フランスの味がする。グリンピース入りライスと一緒のロアジス風マイルド・チキンカレー（680円）はどこか懐かしい緑豆の匂いが最初にプーンと来て、追いかけるようにカレーのスパイスが香り立つ。

ランチタイムにはあまり見掛けないが、たそがれどきには小さなボトルのワインを飲む客がポツリポツリと現れる。サイズはハーフではなくクォーターで、白はブルゴーニュ・グラン・オルディネール（800円）、赤ならボジョレ・ヴィラージュ（850円）。合いの手にはギリシャ風たこいかのマリネ（380円）、ポテトのローズマリー風味（230円）あたりがピッタリ、あえてメインを注文する必要はない。甘党にもパンプルムース（グレープフルーツ）のジュレ（250円）、ブラマンジェ（280円）などが揃っている。実に使い勝手のいい店だと思う。客が入らぬのが不思議だ。丸の内のOLさん、貴女たちの目は節穴ですか？

〈主なメニュー〉	
白身魚のプロヴァンス風	750円
チキンとペンネのグラタン	400円
シーザーサラダ	450円

4F
カフェ
EXCELSIOR CAFFÉ
エクセルシオールカフェ

- ●TEL　03（5219）1640
- ●OPEN　11：00〜21：00／日祝20：00
- ●席数　テーブル48席、カウンター8席

その名に欧州の香りをかぐ！

　コーヒーショップチェーンの「ドトール」が一段のグレードアップを図って展開している。それにしても大げさな店名だ。excelsiorは「より高く」、「その上を目指す」といった意味の単語で、英和辞典にはニューヨーク州のスローガン「一路向上！」とあった。もっともマンハッタンに10年も暮らしていて、その標語はついぞ耳にしなかった。やはりエクセルシオールという名前から真っ先に思い浮かぶのはパパラッツィで名を馳せたローマはヴェネト通りの名門ホテル。現在は恵比寿ガーデンプレイスにもあるウエスティンの傘下に入ったが、その伝統・格式はローマ随一と言っていい。フェデリコ・フェリーニの「甘い生活」にも登場したし、ルネ・クレマンの「太陽がいっぱい」でも印象的だった。アラン・ドロン扮する貧しい青年が自分で殺害した友人になりすまし、上流階級の象徴としてのこのホテルに投宿する。名前の響きに古き良きヨーロッパの香りが漂って、コーヒーショップには格調が高すぎるのではないだろうか。

　「スタバ」も最近始めたが、以前から調理ものも出している。調理といっても電子レンジでチンするだけだが、イタリアンホットサンド（340〜400円）、カルツォーネ（300円）などがあり、シーフード・カルツォーネを食べてみた。申し訳程度に小海老が入っている。ホワイトソースがいかにも出来合いで、なんかとってもおざなりな感じ。まずくはないし値段も値段だから小腹が空いたときのオヤツがわりに目先を変えるのも悪くはないかな。ホットサンドにもトライしようと思ったけれど、当時ホットもののなかった「スタバ」と比較するために温めないタイプにしておく。ボ

〈料理〉12 〈サービス〉5 〈雰囲気〉6 〈経営姿勢〉5 トータル 28

おすすめ料理
温かいチャバタサンドかイタリアンホットサンド。

チャームポイント
絶好のロケーション。

ウイークポイント
ドリンク系に比べてフード系がまだ弱い。

ひとこと提案
「丸善」と手を組んで、「丸善」のおいしいカレーやハヤシを提供してみては。ヒット間違いなしだと思います。

カフェ

ローニャソーセージと玉子サラダのフォカッチャには黒オリーヴのスライスが忍ばせてあった。イタリアものが得意の「ドトール」の製品だから、こういうメニューには安定感がある。「ドトール」は朝食にホットドッグやミラノサンドを食べたくなったときに利用していて、気の向いたときに注文する。トーストはもっとこんがり焼いてくれるとありがたい。さて「EXCELSIOR」のフォカッチャだが生地が少々パサつくものの「スタバ」よりずっとおいしく、360円というのも適正価格だろう。ただしソーセージがボローニャではなくビアサラミのようだった。同じソーセージでもボローニャとサラミでは正反対（ボクはどちらも好きですが）なのだ。後日モチモチとした食感のチャバタのサンドやホットものも試したが合格点を差し上げたい。

　エスプレッソは一流イタリア料理店に比べると香り高さは今一歩、苦味のバランスは良く、水準をクリアしている。カプチーノにも不満はない。ロイヤルミルクティーはやや力不足の感が否めなかった。

　ブックショップ「丸善」の隣りで、しかもすぐ上の5、6階はレストランフロアだ。窓から臨む東京駅のファサードも美しい。グッドロケーションのせいか、いつも立て混んでいる。ドリンクを傍らにこのガイドブックを開き、店の狙いを定めていざ階上へ。手前ミソではありますが、それがこの店と本書の正しい使い方であります。

〈主なメニュー〉
カプチーノ・ショート　280円
シーフード・カルツォーネ　300円
カマンベールと生ハムのホットサンド　400円

1F
イベントカフェ

丸の内カフェ ease

まるのうちカフェ イーズ

- TEL　03（5218）5505
- OPEN　7:30～23:00／土日祝10:00～23:00（ラストオーダー22:30）
- 席数　テーブル90席

デザートは食事のあとで！

丸ビルの飲食店全50店のうち、唯一ビルオーナーの三菱地所が直轄する店舗。1階のベストポジションを占有しており、いわば本丸である。イベントカフェを名乗るくらいだから、多目的に活用していくつもりなのだろう。ここをテナントに貸し出したりしたら、みずからの手足を縛ることになって、運営に支障をきたしてしまう。

　果敢にもこの天領の本丸に三たび攻撃を仕掛けた。事件記者の夜討ち朝駈けよろしく、朝・昼・晩と刻（とき）を変えて。律義にしつっこく通ったのはそれなりの期待があったわけで、はたしてこのカフェ、期待に応えてくれたのでしょうか？

　朝。フレンチトースト・セット（750円）。食パンではないバゲットのトーストにブルーベリーのソースとバニラアイスが添えてある。それと大きなモーニングカップに入ったミルクティー。朝からこういう甘いものを食べる習慣がないので、とまどいながらも頑張ってみたが半分残した。アイスクリームはひとサジだけ味見してあとは文字通りサジを投げた。ミルクティーにはクリームでなく牛乳、これはありがたい。まっ、朝食としてはこんなものでしょうか。

　昼。ずわい蟹とトマトソースのスパゲッティ。アルデンテではあった。味付けはそれほどトマトチックではない。ずわいのフレークの缶詰を使用している。クリームシチューにはなぜか刻んだローストチキンが散らばっていた。煮込まないチキンに冷凍品を戻しただけの人参とブロッコリーがチョコッと。「よくぞここまで手抜きした」の一品で、おそらくベースのシチューも出来合い

〈料理〉12 〈サービス〉4 〈雰囲気〉5 〈経営姿勢〉4　トータル 25

イベントカフェ

おすすめ料理
カスレのみ。

チャームポイント
喫茶店・パブ・レストランと使い勝手が良く、しかもほとんど待たずに利用できる。

ウイークポイント
その利便性とはうらはらに、どっちつかずのコンセプト。モチベーション低く、アピールするものがない。

ひとこと提案
丸の内の顔としての自覚が必要不可欠。プライドなくして何が生まれよう。

だろう。北の国でシチューといえば身も心も温めてくれるあったか〜い料理のハズ、そのシチューで心が凍ってしまった。どちらもセットで1200円、小さなポテトサラダと杏仁豆腐とドリンクが付く。とんでもないのはポテサラと一緒にいきなり杏仁豆腐を持って来ること。おい、おい、デザートは食事のあとだろがっ！　昔の母親は「ごはん食べなきゃケーキあげないよ」——こう言って子どもをしつけたもんでしょうに。

　夜。ほとんど三菱系のキリンものしか置いてないビールの中からクラシックラガーを注文。小ビンで700円はちょっと取りすぎじゃないですか？　自家漬ピクルス（550円）はホントに自家漬けなのかしら？　豚バラ肉と白いんげん豆を煮込んだ南西フランスはトゥールーズ名物のカスレ（1000円）はいいデキで期待以上、良い方向に予想を裏切ってくれた。やれば出来るじゃん、ルンルン。ところがお次のフィッシュ＆チップス（880円）がひどかった。しかもシェフおすすめだ。タルタルソースとトマトケチャップを添えてくるのはいいが冷凍のタラがパッサパサで、チップスもポテトチックな香りがまったくしない。本場ロンドンもかなりまずいから、意図的に本場の味を追求したんだな、こいつは。

　とにかくガッカリさせられた。大家がこの体たらくでは店子にもしめしがつかない。意識を改革して実践につなげてほしい。まずは「隗（かい）より始めよ」である。

〈主なメニュー〉
パストラミサンドイッチ
　　　　　　　　1000円
ケイジャン風フライドチキン　　　　　　　　850円
カモミール＆ハニーティー
　　　　　　　　650円

103

B1F
中華惣菜・菓子
胡同家常菜
ふーとん かじょうさい

●TEL　03（3240）1023
●OPEN　11：00〜21：00／日祝20：00
●席数　テーブル8席

チキンライスに吠えた！

「紅虎」、「胡同」といえば際コーポレーションですね。このグループって一体何軒あるのだろう。最近は犬も歩けば「際」にあたる、そんな感じさえする。デビューのころは斬新にしてナゴミ感のあったチャイニーズ・レトロも、ここまで増えると少々鼻につくようになった。フランチャイズの宿命なのかもしれない。あちこち利用させてもらったがひどい目に会わされたことがないかわりに、あまりおいしい目にも会っていない。値段もそこそこだし、不満を持っているワケではありません。

　中華惣菜の持ち帰り客のほうが多いようだが一応イートイン・スペースも備えている。デパ地下をほうふつとさせるB-1フロアで昼食用の弁当を物色していたところ、シンガポール鶏飯の品書きに目が釘付けになった。シンガポールではハイナネーズ・チキンライス（海南島風鶏飯）といって押しも押されもせぬ国民食、市内の随所に専門店があってマンダリンホテルの「Chatter Box」など、ローカル（現地人）、ツーリストを問わず大人気なのだ。もっともボクは近所のケーンヒルホテルの「Coffee Shop」のほうが好みだけど。中華料理の白油鶏のようなチキンと鶏ガラスープ、そしてそのスープで炊き上げたインディカ米の3点セット。いわばチキンの三段活用なのだが、これを東京で食べさせる店は極めて少ない。思い当たるのは西荻の「夢飯」、新橋から八重洲に移った「シンガポール・シーフード・エンポリウム」くらいかな。

　さっそく650円のそれをいただく。数分後、ワタシは松田優作になっておりました。エッ、判らない？　そりゃそうですな。あれですよ、「太陽にほえろ！」のGパン刑事。腹に凶弾くらって叫

〈料理〉13 〈サービス〉5 〈雰囲気〉3 〈経営姿勢〉5 トータル 26

中華惣菜・菓子

おすすめ料理
東京丸の内豚まん。

ウイークポイント
本場の味を日本風にというコンセプトなのだろうが、勘どころを外してしまったアレンジメント。

チャームポイント
女性ひとりで気軽に中華麺やベトナムフォーが食べられるスポット。

ひとこと提案
魅力的な人気商品の開発。今のままではヒット商品は出まい。

ぶでしょ、「なんじゃあ、こりゃあ！」って。際サン、ホントにひどかったよ、この鶏飯は。鶏肉パサパサで、しかもスープが付かない。付け合わせはザーサイとかぼちゃの煮付けときたもんだ。ちがわい！　こんなんじゃないわい！

　懲りずにベトナム風豚飯（650円）にもトライした。ライスの上に湯がいた小松菜、そのまた上に八角風味の豚の角煮、サイドには高菜漬けの油炒めとマヨネーズ味のまたまたかぼちゃ。前回の悪夢がよみがえる。たしかにかぼちゃって色鮮やかでボリュームあって栄養価も高いし値段も安い。でも月に一度食べればもうそれで十分なんですよ。ただこの豚バラ肉は悪くない。電子レンジで温めてもらった外側のゼラチン質がトロケておいしかった。鶏と豚の2種類用意のフォー、蒸し鶏をのせた香麺、四川麻婆飯、どれもホンモノの味が出てないクセにケレン味が出ちゃってる。そのなかでは東京丸の内豚まんなどとヤケに大げさな名前を付けた中華まんじゅうがおすすめ。ハス向かいの「福臨門」（p.20）の売店の肉まん400円に対して、小さいながらも80円はお食べ得、同じ値段で5個も買えるぞ、と褒めたところでおっとどっこい、デザートの杏仁豆腐（200円）にしてやられた。「福臨門」のは至福の中華デザートに仕上がっているのに、こちらはアーモンドのアの字の香りもない。この店のデザートにお金を払う価値はありません、悪いけど。

〈主なメニュー〉	
香麺（蒸し鶏入り）	700円
ベトナム風豚飯	650円
四川麻婆飯	650円

B1F 総合惣菜・野菜ジュース
サラダバッグ・ベジテリア

- ●TEL 03(3240)0120
- ●OPEN 11:00〜21:00／日祝20:00
- ●席数 カウンター4席

良汁、口に苦し！

デパ地下の王様「RF1」の姉妹店で、野菜とフルーツの生ジュース専門店。いくつか椅子はあるが混み合うと立ち飲みでの利用となる。一時期、30品目のミネストローネと十穀ライスのセット(550円)やサンドイッチ類を置いていたのに最近とんと見当たらない。

イートインできない店舗はこのガイドブックの対象外にしようとも思ったが、いつかまた再び軽食類のサービスを始めないとも限らず、それよりも隣りの「RF1」では日によって前述のミネストローネをはじめ「サラダバッグ」のオリジナルフードを買うこともできるし、姉妹店のよしみと強みで、笑笑(シャオシャオ)バーガー、温泉玉子のせハヤシ丼など「RF1」の人気メニューをこちらに持ち込んでジュースと一緒にいただくこともできるのだ。いまのところ、そうしている人を見かけたことはないけれど。

'02年の年末、忘年会つづきで痛んだ内臓を癒すついでにビタミンの補給もしときましょうと二日酔いに苦しみながらもこの店にたどり着いた。最初に目についたのはお試しセット(450円)。聞けばミキサータイプのジュースから好みのものを小さなカップで3点選ぶことができるとのこと。ずいぶんといろんな種類があるなかでホットタイプとニンジンジュース以外はなんでもOKなのだ。しかしフルーツならともかく野菜に関してはたまにトマトジュースを飲む程度で、実際はズブのシロウト同然、とにかく選んでみたのはアナスタシア(ロシア原産の薄緑色ピーマンで抗がん作用があるらしく、胃と肝臓のために迷わずチョイス)、ケール(結球しないキャベツの仲間、ベータカロチンたっぷりのスー

〈料理〉14 〈サービス〉6 〈雰囲気〉4 〈経営姿勢〉6 トータル 30

野菜ジュース

- おすすめ料理
何はともあれ、お試しセット。

- チャームポイント
健康第一主義。

- ウイークポイント
オーソドックスなジュースがないし、ジュース以外は何もない。

- ひとこと提案
いつもガランとしている店内が淋しい。野菜のサンドイッチを使ったランチボックスでも始めたらどうでしょう。

パー野菜ということでこれもゲット)、グレープフルーツとアロエのミックス(これは説明の必要なし)。さすがに最後のは飲みやすかったが、あとのはドリンクというよりクスリだね。一応、なんとなくカラダに良かったような気だけはしました。

その日以来ずっとごぶさたしつつも店の前をたまに通るからメニューボードだけはその都度チェックしていると、本格的な冬の到来とともにホットものの品揃えが充実してきた。初心者向けの柚子、それにきんかん、おお、これは両方とも素直にうまそうだ。続いて丹波黒豆、こいつは売れ残ったおせちのリサイクルでないことを信じたい。お次は鳴門金時。名前からして豆かと思いきや、じつはさつまいも。金時豆のように紅色があざやかなのでこの名がついた。う〜ん、あったかいおサツのジュースねぇ、やっぱやめとこっか。さてしんがりをつとめしは下仁田ねぎときたもんだ。ポワロ(ポロねぎ)みたいにぶっといねぎで、フレンチではスープの食材としてポピュラーだ。

それにしても地下1階のこの界隈にはフレッシュジュースの店が乱立している。「RF1」の向かいの「Very Veggie Flavors」、その隣りには「明治屋」のジュースコーナー、通路を挟んで「千疋屋」。この大混戦ではどこが勝ち組なのかいまだにハッキリしない。アッ、そうか、だからテニスでもなかなか決着がつかないのをジュースって言うんだ。ちがうって。

〈主なメニュー〉
3種選べるお試しセット　　450円
ザクロジュース　　　　　300円
いちごミルク　　　　　　300円

107

B1F
ジュース・カレー

Very Veggie Flavors

ベリーベジーフレーバーズ

- ●TEL　03（3240）5788
- ●OPEN　11：00〜21：00／日祝20：00
- ●席数　カウンター6席

ジュース屋のカレーの意外なおいしさ

　このカレーはおいしい。チキン・ベジタブルカレーとビーンズ・キーマカレーの2本立て。チキンのほうは鶏肉に火が入りすぎてちょっとパサつくが、スパイスの香り高く、インド風に仕上がっている。クミン、クローヴ、コリアンダーにカルダモン、少なくともガラムマサラは使っているのだろう。家庭のものとはもちろん違うし、喫茶店や洋食屋タイプとも異なる。絹さや、しめじ、トマトの野菜が彩りを添えてこの店の健康的なイメージに似つかわしい。キーマも基本的な味と香りはチキンとほぼ同じで、主役が挽き肉と豆になるだけだ。パセポン（みじん切りのパセリ）を散らしたライスもカレーソースとのからみが良く、おいしさに一役買っている。どちらも単品で700円。本日の生ジュースとのセットで850円。ただしランチセットは11時半より。

　オール・ベジタブル・チェダー・ピタサンド（550円）はピタの中に生野菜がいっぱいのサンドイッチ。アヴォカド、ピーマン、レタス、きゅうり、人参など具だくさんでかなりふくらんでいるから大口を開けないと食べられない。ふだん不節制している人間がたまにこういう食べものを摂取すると、カラダの中がキレイになったような気がして精神面にも波及効果をもたらす。頻繁に食べろと言われるとかなり苦痛だが味は決して悪くない。ジュースとセットで800円。ここで疑問が生じた。カレーライスにジュースを付けると150円のアップなのに、ピタサンドだとなんで250円アップなの？　ちょいと不思議。100円玉1個ぶん、どこかへ消えちゃった。

　生ジュースは各種揃っている。それも野菜ものに力を入れてい

〈料理〉15 〈サービス〉6 〈雰囲気〉3 〈経営姿勢〉6 トータル 30

生ジュース・カレー

おすすめ料理
チキン・ベジタブル・カレー。

ウイークポイント
カレーを食べてると、だんだん落ち込んでくる居心地の悪いカウンター席。

チャームポイント
一にも二にも健康第一主義。

ひとこと提案
テイクアウト用でもいいから、もっとフードメニューにも力を入れるべし。なかなかにいい味出してますよ。

る。ピーマンオレンジ、小松菜バナナミルク、う～ん、中年男にとってはジュースというよりクスリの世界だね。それとスムージー。もともとは凍らせたフルーツをミキサーにかけるだけのシンプルなシャーベット状の飲みものだったのが、ヨーグルトや牛乳、果ては生クリームなど何でもかんでもブチ込むようになってスムースなドリンクではなくなった感がある。ここのもかなりコクがあって1杯飲み干すのに悪戦苦闘した。シトラスマンゴー、黒ゴマハチミツバナナなどなど、すべて500～600円。なお牛乳は豆乳にチェンジ可能だ。

　この健康優良店はお酒も出している。酒といってもシングルモルトやグラス・シャンパーニュというワケではなく、生のフルーツジュースで割ったテキーラ・サンライズ（ミック・ジャガーが流行らせた）やウォッカ・グレープフルーツ（ソルティ・ドッグの塩抜き版）などのカクテル類。夏の到来とともにニューヨークやカリブの島々では盛んに飲まれるフローズンものも多い。ストロベリー・マルガリータ（テキーラ）、マンゴー・ダイキリ（ラム）、これなら飲みすぎてもあまり二日酔いはしなさそう。アルコール入りは700円均一。ただV字形を真ん中で区切った狭くて低いカウンターではとてもカクテルというムードにはなれない。いっそのことテイクアウトしてショッピング・エリアをそぞろ歩くのがいい。オペラの幕間みたいなおシャレな気分にひたれると思います。

〈主なメニュー〉
チキンカレーのランチセット
　　　　　　　　　850円
オール・ベジタブル・ピタ
サンド　　　　　　550円
バナナマンゴ・スムージー
　　　　　　　　　550円

B1F カフェ
スターバックス コーヒー

- ●TEL 03(5220)7748
- ●OPEN 7:00〜21:00/土9:00〜21:00/日祝9:00〜20:00
- ●席数 38席

大きな声では言えませんが……

意外と知られていないのがスターバックスという店名の由来だ。19世紀のアメリカの作家ハーマン・メルヴィルの長編小説『白鯨』は暗く重い復讐の物語である。イギリスの詩人エドマンド・ブランデンは英米文学における三大悲劇として、『嵐が丘』、『リア王』と、この『白鯨』を挙げている。巨大な白いマッコウクジラ、モビー・ディックに片脚を奪われて復讐に燃える捕鯨船の船長エイハブの片腕として活躍するのがコーヒー好きの一等航海士スターバックだ。血気にはやる老船長をなだめたり、すかしたり、いさめたり、知的な好人物だがラストのクライマックスでは船長ともども海のもくずと消える。ふるさとに最愛の妻子を残したままに。みずからも捕鯨船に乗り込んでいたメルヴィルのリアリティにあふれた力作だ。なんとなくミスキャストっぽいグレゴリー・ペック主演の同名映画も懐かしい。

やはり「スターバックス」というネイミングにはインテリジェンスを感じる。そこへいくと「プロント」、「エクセルシオールカフェ」、「ニューヨーカーズ・カフェ」あたりにはもうひとひねりほしかった。可愛気のある「プロント」は許せるが「エクセルシオール」は大げさで「ニューヨーカーズ」はニューヨーカーに笑われちゃいそう。

いまさらアイスカフェモカやキャラメルマキアートをうんぬんしても仕方がない。読者のみなさんのほうが良くご存知だろう。ただ、浅煎りの酸味が強いコーヒーを飲むと胸ヤケするボクにとって深煎りタイプを気軽に飲めるようになったのは喜ばしい。

飛ぶ鳥を落とす勢いだった出店攻勢もここに来てスローダウン

〈料理〉10 〈サービス〉5 〈雰囲気〉5 〈経営姿勢〉4 トータル 24

おすすめ料理
飲みもの以外はスコーンかマフィン程度にとどめておきたい。

チャームポイント
いい意味での客に対する自由放任主義。

ウイークポイント
ここよりまずいサンドイッチをワタシは知らない。

ひとこと提案
モルタデッラやトマト&モッツァレッラのサンドなどフードの充実を図っているが、ピッツァ、カレードーナツは改善の余地あり。

している。一説によると、コーヒーの香りを生かすために全店禁煙を徹底したのがアダになったらしい。たしかに愛煙家にはコーヒー好きが多いようだ。同じ理由で調理した食べものもなかったが、'03年4月からピッツァやドッグなどチンできるものだけは始めた。しかしここのフードは大きな弱点で、以前ターキー&チェダーチーズのサンドイッチ(450円)ではひどい目にあった。りんごやレタスも入っていたが、具はすべて凍ってるんじゃないかと思うほどに冷え冷え、パンはパサパサで鯉のエサ並みであった。早速ホットものも試したが、ツナ&バジルのピッツァ(280円)は生地が厚すぎたし、キーマカレードーナツ(200円)は名前こそおシャレでも、ごくありふれたカレーパンでパン屋さんなら半額ですよ。デパ地下でも「フォション」や「ペック」のおいしいものがずっと安く買えるご時世に、はなはだ時代遅れというほかはない。

「スタバ」には悪いけれど、こうなりゃ持ち込みの一手だ(編集部注＝持ち込みは認められていません)。地下の食品街で買える持ち込み用フードとしては、「明治屋」のミックスサンド、「井泉」のひれカツサンド、「ユーハイム」と「L'OASIS」のランチボックス、「福臨門」の炒飯か焼きそばあたりを。このクラスに「スタバ」のコーヒーなら鬼に金棒、大満足のランチを保証しましょうぞ。ただしこのガイドブックの出版後は店側による取り締まりが厳しくなることと予想されます。

〈主なメニュー〉
エスプレッソ・ドッピオ(W)
　　　　　　　　300円
ガーデンピッツァ　280円
バジルソーセージドッグ
　　　　　　　　350円

B1F ラーメン
らぁめん 永楽
らぁめん えいらく

- ●TEL　03（3201）3363
- ●OPEN　11：00〜15：30（ラストオーダー15：10）、17：00〜21：00（ラストオーダー20：40）
- ●席数　カウンター20席

胡椒はどこへ消えた？

醤 油味のらぁめん(750円)、同じスープの角煮らぁめん(950円)、塩味の塩野菜らぁめん(950円)、それにサイドオーダーとしての高菜ごはん(150円)と味付け玉子(100円)、メニューはそれだけ。3回通ってすべて食した。

　麺は中太の平打ち、ややちぢれ、濃い黄色。多加水系でそこそこのコシにツルツルの食感。煮干し、鰹節の効いた和風だしの濁ったスープはそれなりのおいしさ。具は肩ロースのチャーシューが2枚、シナチク、海苔、味玉が半個。角煮らぁめんはチャーシューの替わりに豚角煮がゴロンと4〜5個、海苔の代わりにホウレン草が入り、シナチク、味玉とスープの表面には揚げねぎと豚の背油が少々浮いている。好みとしてはらぁめんのほうだが、それにしても750円は高すぎる。世間の相場では600円が妥当なところ。やはり丸ビル価格ということなのだろうか。

　塩野菜らぁめんには細切りチャーシュー、炒めたキャベツとしいたけに揚げねぎと柚子の皮1片。しかし具全体の9割以上がキャベツではシラケてしまう。スープは塩がとんがっていてまろやかさに欠けた。オマケにこの日の麺はゆですぎ。来店する客の顔を見ながらゆでていくのだが、うまい具合に満席のカウンターが空いてくれずにややオーバータイム気味になっちゃった、というような感じ。

　初回は混雑を避けて開店とほぼ同時の11時過ぎに訪れた。まだガラガラの店内なのにカウンターの隅から順番にギューギュー詰めて座らされる。決して気分のいいものではない。おひやがプラスチックのコップで出される。そのプラスチックの味気ないこと。

〈料理〉14 〈サービス〉4 〈雰囲気〉4 〈経営姿勢〉4 トータル 26

ラーメン

おすすめ料理
おすすめというほどではないが、あえて消去法で選べばらぁめん。ちょっと割高だけど。

チャームポイント
丸ビルにおいてサッと来て、サッと食べて、サッと帰ることのできる店は貴重。

ウイークポイント
どことなくよそよそしく冷淡で不親切な客あしらい。

ひとこと提案
客を機械的に処理してはいけません。あたたかく迎えて、おいしく食べてもらいましょう。カウンターに胡椒と酢くらいは揃えるべし。

ふと気が付くとカウンターの上には何も置かれてない。おいおい、こりゃラーメン店の景色じゃないぞ。胡椒、酢、ラー油に爪楊枝、気の効いた店ならそれにティッシュボックス。普通はそうあるべきではないでしょうか。もっとも胡椒と紙ナプキンに関してはお願いすると出してはくれるが、普段はカウンターの内側に隠匿されていて、客側からは査察にでも入らない限り見つからない。そして使用した客が去ると再び消えて隠ぺいされる。ふ～ん、そういうやり方なんだ。しかし、もっと驚いたことがある。約20分の滞店時間中に30人ほどの人たちと早めのランチタイムをご一緒させていただいたわけだが、その間胡椒を所望したのはなんとボクだけだった。気になって卓上に胡椒の置いてある他店に行くたびに注意深く見守っていると、半分以上の客はラーメンに胡椒を振り入れている。それでも想像よりずっと少なかった。中世ヨーロッパでは同量の銀と同等の価値で取引きされ、コロンブスもマゼランもこれを求めて大海原に漕ぎ出して行った胡椒です、みなさん、もっと愛用しましょうよ。風味が格段に違ってきますから。

昼休みに行きつけの本屋で「魂のラーメン」という単行本を見つけてパラパラめくっていると偶然この店が掲載されていて筆者はベタほめ。はたしてそうかしら、ボクには魂のかけらすら感じられなかった。ラーメン作るときにチャーシューを入れるように、ホトケ（店）作ったらタマシイ（真心）入れてくれなくっちゃ。

〈主なメニュー〉	
らぁめん	750円
角煮らぁめん	950円
塩野菜らぁめん	950円

B1F スープ専門店
Soup Stock TOKYO
スープストック トーキョー

- TEL 03（5220）7031
- OPEN 8：00～21：00、土11：00～21：00／日祝20：00
- 席数　カウンター7席

具だくさんだが、ちと高め！

　このところチェーン展開の出店が加速している。カレッタ汐留、六本木ヒルズ、話題の商業施設には必ず進出している。爆発力のある商品で客を呼び込むスタイルではなく、客となり得る人が大勢集まるところにオープンするのである。スープという地味な食べものを扱うには賢明な戦略かもしれない。賃料は高くとも、競合する相手がいないのだから、店に閑古鳥が鳴くことはない。自社工場で大量に生産し、店舗に運び込むだけで調理の必要のないスープをバイトの女性たちが売りさばいていく。商品の性質上夏場に弱いという季節要因以外は、リスクの少ないおいしい商売と言える。

　スモールカップで2種類のスープ（カレーも可）にパンか白胡麻ごはんを選べるスープストックセット（900円）を東京ボルシチ、酸辣湯、パンでお願いする。牛肉、じゃが芋、人参タップリにサワークリームとレモンスライスのボルシチはロシア風ではないからビーツの香りがしない。かわりに砂糖の甘みを感じた。酸辣湯（メニューには酸辛湯とあるがこれではサンラータンと読めないので勝手に改めた）はサラリとしていて具も少なめ、コクもなかった。パンがあまりにもまずくて一口かじってやめたが、どういうわけかレシートにアサノヤのマフィンとあったので調べてみると「ブランジェ浅野屋」に特注したパンだというではないか。そいつはないぜ、セニョール！　軽井沢には行ったことはないが四谷店は好きなのに。2階のレストラン「プント・プンティ（点と線）」もいいじゃないですか。ハナシは脇道にそれるが松本清張の『点と線』の舞台のひとコマにもなった有楽町の「レバンテ」が

〈料理〉13 〈サービス〉6 〈雰囲気〉4 〈経営姿勢〉4 トータル 27

おすすめ料理
スープストックセット(グリーンポタージュと玉葱のカレーに白胡麻ごはんの組み合わせ)。ただし毎日全メニューが揃うわけではない。

チャームポイント
アルバイトの女性たちの明るい応対。

ウイークポイント
価格競争力。

ひとこと提案
例え冷製スープを投入したとしても、ほかに夏場の目玉商品がほしい。

6月いっぱいで建替えのために閉店する。今現在(5月下旬)仮店舗を物色中※というがこのまま消え去るのだけはカンベンしていただきたい。小津安二郎も愛した三重県的矢湾の生がきをここで食べないとボクの冬はやって来ない。

カレーにも挑戦した。初めにトマトの無水カレー(680円)。ライスは白胡麻ごはん。カレーはとてもいい風味だ。残念なのはチキンの胸肉のパサつきとごはんの白胡麻がかえってジャマなこと。次に玉葱のカレー(680円)はスパイスと玉葱の甘みの調和がよく、これは好きだ。ここに入っていたチキンも今度は火の通り具合よろしく、柔らかい。

ほかにもポーチドエッグ入りアホ(スペイン語でニンニク)スープ、緑が鮮やかなそら豆・えだ豆・いんげんのグリーンポタージュなども試してみた。レギュラーカップセット(710円)は普通サイズのスープ1種類にパンかごはん。レギュラーカップ単品だと580円。料理としてのスープの水準はクリアしていると思う。ただ値段が高いという印象が強い。テイクアウトも同じ価格に消費税だ。デフレのこの時代にスープとパンで税込み745円というのはやはり高い。一流企業のOL・サラリーマンに外国人という支持層に自信を深めているのだろうが、このチェーン店の成功がハッキリすれば必ずやライバルが出現するハズだ。牛丼280円時代にスープとパンで200円は決して実現不可能ではないし、ボク自身会社をクビになったら自分で始めたいくらいなのだ。

〈主なメニュー〉
スープストックセット 900円
レギュラーカップセット 710円
カレーライス 680円

※その後、有楽町の東京国際フォーラムに移転が決定しました。

B1F 果実・デザート・カフェ
丸ビル 千疋屋
まるビル せんびきや

- TEL 03（3201）0650
- OPEN カフェタイム11：00〜21：00／日祝20：00、販売11：00〜21：00
- 席数 テーブル12席

「三本の矢」の逆を行く

　フルーツパーラーって、耳にやさしく健康的でとてもいい言葉だと思う。大学生になる以前の学生時代、不良高校生のころだが、軟派のガールフレンドと一緒のときはスナックや茶店（ちゃみせではなくサテン）で隠れビールに隠れタバコでも、相手がいいとこのお嬢さんになるとフルーツパーラーでフルーツポンチかストロベリーサンデーだったもんなぁ。パーラーはあまり使われない単語だけれど、日本独自の娯楽施設を英訳すると雀荘がマージャンパーラーでパチンコ屋はパチンコパーラーって、ご存知でしたか？　ずいぶんとイメージが変わるもんです。

　新宿の「高野」、神田の「万惣」、そして銀座・京橋・日本橋の「千疋屋」、東京の三大フルーツパーラーはこの３軒でしょう。とりわけ都心に基盤を築いて、いち早く丸ビルにも進出した「千疋屋」が業界の王者と言えるのだが、実は銀座と京橋は日本橋の総本店からのノレン分け。それぞれ縁戚関係はあるが独立採算だ。言ってみれば、毛利元就の「三本の矢」の逆バージョンというワケ。因みに丸ビル店は京橋千疋屋の直営店である。

　フレッシュフルーツやショートケーキの持ち帰りは別として、軽い食事ならランチタイムの日替わりメニュー（1000円）がお食べ得。ＡとＢの２種類あり、Ａはサンドイッチの盛り合わせ、Ｂは仔牛のクリーム煮、豚肉のカシス煮、いかと明太子のスパゲッティなどのワンプレートランチ。ともにデザートとコーヒー・紅茶が付く。店頭に２週間毎のメニューのコピーがあるから持ち帰っておくと便利だ。

　オフィスの近所の日本橋総本店には何度も訪れているからその

〈料理〉15 〈サービス〉6 〈雰囲気〉3 〈経営姿勢〉7　トータル 31

果実・デザート・カフェ

おすすめ料理
日替わりランチのA。特にハムか海老のサンドイッチがからんだとき。

チャームポイント
穴が無い。どんなサンドも料理も水準をキープしている。コーヒー・紅茶しかり。

ウイークポイント
ショップ全体のレイアウト。加えて狭いスペースに小さなテーブル。大柄な男性が行く場所ではない。

ひとこと提案
店内のスタッフと買物客、ガラス越しの通行人、食事する客は四面楚歌。なんとか居心地の良い店に。

味は舌に焼き付いている。京橋系には行ったことがないので初見参と相成った。その日のAランチは海老のタルタルとエッグサラダのサンドイッチにフルーツのサンドイッチの盛り合わせ。海老とゆで玉子は相性が良くてなかなかの美味。缶詰をほとんど使用しないフルーツサンドも上デキだった。それにマンゴープリンとレモンティー。同じ日のBランチは牛肉としめじの赤ワイン煮。これにレタスサラダとライスが付いた。煮込みは洋食屋としての水準に達している。ただしライスはともかく、冷たいサラダを温かい料理と一緒に盛り込んではいけない。どうしてもワンプレートにこだわるのなら温野菜に替えるべきだ。後日のハヤシライス（1200円）は酸味の効いたサラサラのソースはいいが牛肉そのものの匂いに少々クセがあった。穀物ではなく牧草で育った牛特有の青くささを感じた。むしろ和風・欧風・印度風の合体版のような風味を放つチキンカレー（1000円）のほうがおすすめ。

デザートとフルーツを好んで食べないのでカラダがその穴埋めをしようとするのか、生ジュースは大好きである。この店のオレンジとグレープフルーツのジュースを飲んでみたが、いまひとつピンとこない。日本橋と新宿の高島屋に、名古屋から進出してきた「レモン」というフルーツパーラーが出店している。ここのジュースがすばらしい。巨峰とかぼすが気に入りだ。東京のパーラー御三家の強力なライバルはこの店しかないと断言してもいい。

〈主なメニュー〉
日替わりセットランチ　　　　1000円
ハヤシライス　　　　　　　　1200円
フレッシュオレンジジュース　　800円

丸ビル営業時間

〈年中無休〉＊各店舗で営業時間が異なる場合がありますので、各ページのデータをご覧ください。
●B1F－4F
平日・土曜　11：00～21：00　　日曜・祝日　11：00～20：00
●5F－6F & 35F－36F
平日・土曜　11：00～23：00　　日曜・祝日　11：00～22：00

丸ビル取り扱いクレジットカード

［DC］［JCB］［VISA］［Master Card］［AMEX］［Diners Club］［NICOS］［J-Debit］
そのほか、丸ビルで発行の［Marunouchi Card］がある（丸ビル地下1階で受付）。

2003年 6 月20日　第 1 刷発行

J.C.オカザワの
丸ビルを食べる
丸ビル・レストラン総ガイド 全店採点表付き

著　者　　J.C.オカザワ
発行者　　晶文社出版株式会社
　　　　　〒113-0034　東京都文京区湯島3-1-4
　　　　　電話（03）5688-6881（編集）

発売所　　株式会社　晶　文　社
　　　　　〒101-0021　東京都千代田区外神田2-1-12
　　　　　電話（03）3255-4501（営業）
　　　　　URL http://www.shobunsha.co.jp

編集：アイランズセカンド
DTP & 本文デザイン：中村泰充
装丁：坂川栄治＋藤田知子（坂川事務所）
印刷：ダイトー　　製本：三高堂製本

© 2003　Shinichi Okazawa
Ⓡ本書の内容の一部あるいは全部を無断で複写複製(コピー)することは、著作権法上での例外を除き、禁じられています。本書からの複写を希望される場合は、日本複写権センター（03-3401-2382）までご連絡ください。
〈検印廃止〉落丁・乱丁本はお取り替えいたします。

好評発売中

江戸前ずしの悦楽
「次郎よこはま店」の十二カ月
早川　光

「今日はどんな鮨ダネが揃っているだろうか。高まる期待で胸がいっぱいになる」数々の鮨屋を食べ歩いてきた著者が絶賛する「次郎よこはま店」。1年間取材を重ね、もっとも脂ののった鮨職人の技とその哲学を伝える。巻頭に月ごとの皿盛りをカラー写真で再現。

北の料理人
―北海道の食材を探して
貫田桂一

札幌の若きシェフが、厨房を飛び出し、食の宝庫・北海道中を駆けめぐる。自らの目と舌で探した、とびっきり元気で美味な50品と、こだわりの調味料6品を紹介。巻頭にはカラー16頁の四季のコースメニュー、巻末には取り寄せに便利な宅配情報付き。

北の料理人Ⅱ
―まだまだあるぞ！ 北の食材
貫田桂一

シェフが消えた！　前作『北の料理人』を出版後もコツコツと続けていた北海道のうまいもの探し。2年間にわたる取材で、新たに見つけ出したたくさんの美味。その中から45品を厳選して紹介。すべての食材に、持ち味を生かす料理レシピと、宅配情報付き。